PERTHARITE,
ROY
DES
LOMBARDS,
TRAGEDIE.

ACTEVRS.

PERTHARITE, Roy des Lombards.

GRIMOALD, Comte de Benevent, ayant conquis le Royaume des Lombards sur Pertharite.

GARIBALDE, Duc de Thurin.

VNVLPHE, Seigneur Lombard.

RODELINDE, femme de Pertharite.

EDVIGE, Sœur de Pertharite.

SOLDATS.

La Scéne est à Milan.

PERTHARITE, TRAGEDIE.

ACTE I.

SCENE PREMIERE.

RODELINDE, VNVLPHE.

RODELINDE.

UY, l'honneur qu'il me rend ne fait
    que m'outrager,
Ie vous le dis encor, rien ne peut me
    changer,
Ses conquestes pour moy sont des
    objets de haine,
L'hommage qu'il m'en fait renouvelle ma peine,
Et comme son amour redouble mon tourment,
Si je le hay vainqueur, je le déreste amant.
    Voilà quelle je suis, & quelle je veux estre,
Et ce que vous direz au Comte vostre maistre.

F f iiij

VNVLPHE.
Dites, au Roy, Madame.
RODELINDE.
Ah, je ne pense pas
Que de moy Grimoald exige un cœur si bas ;
S'il m'aime, il doit aimer cette digne arrogance
Qui brave ma fortune, & remplit ma naissance.
Si d'un Roy malheureux & la fuite & la mort
L'asseurent dans son Trosne à tître du plus fort,
Ce n'est point à sa vefve à traiter de Monarque
Vn Prince qui ne l'est qu'à cette triste marque.
Qu'il ne se flate point d'un espoir decevant,
Il est toûjours pour moy Comte de Bénevent,
Toûjours l'usurpateur du Sçeptre de nos péres,
Et toûjours, en un mot, l'autheur de mes miséres.
VNVLPHE.
C'est ne connoistre pas la source de vos maux,
Que de les imputer à ses nobles travaux:
Laissez à sa vertu le prix qu'elle mérite,
Et n'en accusez plus que vostre Pertharite,
Son ambition seule....
RODELINDE.
Vnulphe, oubliez-vous
Que vous parlez à moy, qu'il étoit mon époux?
VNVLPHE.
Non, mais vous oubliez que bien que la naissance
Donnast à son aisné la supresme puissance,
Il osa toutefois partager avec luy
Vn Sçeptre dont son bras devoit estre l'appuy;
Qu'on vit alors deux Rois en vostre Lombardie,
Pertharite à Milan, Gundebert à Pavie,

TRAGEDIE.

Dont ce dernier piqué par un tel attentat
Voulut entre ses mains réünir son Etat,
Et ne pût voir long-temps en celles de son frére...

RODELINDE.

Dites qu'il fut rebelle aux ordres de son pére.
Le Roy qui connoissoit ce qu'ils valoient tous deux
Mourant entre leurs bras fit ce partage entre eux.
Il vit en Pertharite une ame trop Royale,
Pour ne luy pas laisser une fortune égale,
Et vit en Gundebert un cœur assez abjet
Pour ne mériter pas son frére pour Sujet.
Ce n'est pas attenter aux droits d'une Couronne
Qu'en conserver la part qu'un pére nous en donne,
De son dernier vouloir c'est se faire des loix,
Honorer sa mémoire, & défendre son choix.

VNVLPHE.

Puisque vous le voulez, j'excuse son courage;
Mais condamnez du moins l'autheur de ce partage,
Dont l'amour indiscret pour des fils généreux,
Les faisant tous deux Rois, les a perdus tous deux.
Ce mauvais Politique avoit dû reconnoistre
Que le plus grand Etat ne peut souffrir qu'un
    maistre,
Que les Rois n'ont qu'un Trosne, & qu'une Majesté,
Que leurs enfans entr'eux n'ont point d'égalité,
Et qu'enfin la naissance a son ordre infaillible
Qui fait de leur Couronne un point indivisible.

RODELINDE.

Et toutefois le Ciel par les événemens
Fit voir qu'il approuvoit ses justes sentimens.
  Du jaloux Gundebert l'ambitieuse haine,
Fondant sur Pertharite, y trouva tost sa peine,

Vne bataille entr'eux vuidoit leur différent,
Il en sortit défait, il en sortit mourant,
Son trépas nous laissoit toute la Lombardie,
Dont il nous envioit une foible partie,
Et j'ay versé des pleurs qui n'auroient pas coulé,
Si vostre Grimoald ne s'en fust point meslé.
Il luy promit vangeance, & sa main plus vaillante
Rendit après sa mort sa haine triomphante :
Quand nous croyions le Sceptre en la nostre
 affermy,
Nous changeasmes de sort en changeant d'ennemy,
Et le voyant régner où régnoient les deux fréres,
Iugez à qui je puis imputer nos miséres.

VNVLPHE.

Excusez un amour que vos yeux ont éteint,
Son cœur pour Edüige en étoit lors atteint,
Et pour gagner la sœur à ses desirs trop chére,
Il fallut épouser les passions du frére.
Il arma ses Sujets, plus pour la conquérir,
Qu'à dessein de vous nuire, ou de le secourir.
 Alors qu'il arriva Gundebert rendoit l'ame,
Et sçeut en ce moment abuser de sa flame.
Bien, dit-il, *que je touche à la fin de mes jours,*
Vous n'avez pas en vain amené du secours,
Ma mort vous va laisser ma sœur, & ma querelle,
Si vous l'osez aimer, vous combatrez pour elle.
Il la proclame Reine, & sans retardement
Les Chefs & les Soldats ayant prété serment,
Il en prend d'elle un autre, & de mon Prince mesme.
Pour montrer à tous deux à quel point je vous aime,
Ie vous donne, dit-il, *Grimoald pour époux,*
Mais à condition qu'il soit digne de vous,

TRAGEDIE. 459

Et vous ne croirez point, ma sœur, qu'il vous mérite,
Qu'il n'ait vangé ma mort, & détruit Pertharite,
Qu'il n'ait conquis Milan, qu'il n'y donne la loy,
A la main d'une Reine il faut celle d'un Roy.

Voilà ce qu'il voulut, voilà ce qu'ils jurérent,
Voilà sur quoy tous deux contre vous s'animérent;
Non que souvent mon Prince impatient amant,
N'ait voulu prévenir l'effet de son serment,
Mais contre son amour la Princesse obstinée
A toûjours opposé la parole donnée,
Si bien que ne voyant autre espoir de guérir,
Il a fallu sans cesse, & vaincre, & conquérir.
 Enfin après deux ans Milan par sa conqueste
Luy donnoit Edüige en couronnant sa teste,
Si ce mesme Milan dont elle étoit le prix
N'eust fait perdre à ses yeux ce qu'ils avoient conquis.
Avec un autre sort il prit un cœur tout autre,
Vous fustes sa captive, & le fistes le vostre,
Et la Princesse alors par un bizarre effet,
Pour l'avoir voulu Roy, le perdit tout à fait.
Nous le vismes quitter ses premiéres pensées,
N'avoir plus pour l'Hymen ces ardeurs empressées,
Eviter Edüige, à peine luy parler,
Et sous divers prétexte à son tour reculer.
Ce n'est pas que long-temps il n'ait tasché d'éteindre
Vn feu dont vos vertus avoient lieu de se plaindre,
Et tant que dans sa fuite a vécu vostre époux,
N'étant plus à sa sœur, il n'osoit estre à vous :
Mais si-tost que sa mort eut rendu légitime
Cette ardeur qui n'étoit jusque là qu'un doux crime....

SCENE II.
RODELINDE, EDVIGE, VNVLPHE.

EDVIGE.

Madame, si j'étois d'un naturel jaloux
Ie m'inquiéterois de le voir avec vous,
Ie m'imaginerois ce qui pourroit bien estre,
Que ce fidelle Agent vous parle pour son maistre :
Mais comme mon esprit n'est pas si peu discret,
Qu'il vous veüille envier la douceur du secret,
De cette opinion j'aime mieux me défendre,
Pour mettre en vostre choix celle que je doy prendre,
La régler par vostre ordre, & croire avec respect
Tout ce qu'il vous plaira d'un entretien suspect.

RODELINDE.

Le secret n'est pas grand qu'aisément on devine,
Et l'on peut croire alors tout ce qu'on s'imagine.
Ouy, Madame, son maistre a de fort mauvais yeux,
Et s'il m'en pouvoit croire, il en useroit mieux.

EDVIGE.

Il a beau s'ébloüir alors qu'il vous regarde,
Il vous échapera si vous n'y prenez garde.
Il luy faut obéïr tout amoureux qu'il est,
Et vouloir ce qu'il veut, quand, & cóme il luy plaist.

RODELINDE.

Avez-vous reconnu par vostre expérience
Qu'il faille déférer à son impatience?

TRAGEDIE.

EDVIGE.
Vous ne sçavez que trop ce que c'est que sa foy.
RODELINDE.
Autre est celle d'un Comte, autre celle d'un Roy,
Et cóme un nouveau rang forme une amie nouvelle,
D'un Comte déloyal il fait un Roy fidelle.
EDVIGE.
Mais quelquefois, Madame, avec facilité
On croit des maris morts qui sont pleins de santé,
Et lors qu'on se prépare aux seconds Hyménées
On voit par leur retour des vefves étonnées.
RODELINDE.
Qu'avez-vous veu, Madame, ou que vous a-t'on dit?
EDVIGE.
Ce mot un peu trop tost vous alarme l'esprit :
Ie ne vous parle pas de vostre Pertharite,
Mais il se pourra faire enfin qu'il ressuscite,
Qu'il rende à vos desirs leur juste possesseur,
Et c'est dont je vous donne avis en bonne sœur.
RODELINDE.
N'abusez point d'un nom que vostre orgueil rejette,
Si vous étiez ma sœur, vous seriez ma Sujette,
Mais un Sçeptre vaut mieux que les titres du sang,
Et la Nature céde à la splendeur du rang.
EDVIGE.
La Nouvelle vous fasche, & du moins importune
L'espoir déja formé d'une bonne fortune.
Consolez-vous, Madame, il peut n'en estre rien,
Et souvent on nous dit ce qu'on ne sçait pas bien.
RODELINDE.
Il sçait mal ce qu'il dit, quiconque vous fait croire
Qu'aux feux de Grimoald je trouve quelque gloire.

Il est vaillant, il régne, & comme il faut régner,
Mais toutes ses vertus me le font dédaigner.
Ie hay dans sa valeur l'effort qui le couronne,
Ie hay dans sa bonté les cœurs qu'elle luy donne,
Ie hay dans sa prudence un grand Peuple charmé,
Ie hay dans sa justice un Tyran trop aimé,
Ie hay ce grand secret d'asseurer sa conqueste,
D'attacher fortement ma couronne à sa teste,
Et le hay d'autant plus, que je voy moins de jour
A détruire un vainqueur qui régne avec amour.
EDVIGE.
Cette haine qu'en vous sa vertu mesme excite
Est fort ingenieuse à voir tout son mérite,
Et qui nous parle ainsi d'un objet odieux,
En diroit bien du mal, s'il plaisoit à ses yeux.
RODELINDE.
Qui hait brutalement permet tout à sa haine,
Il s'emporte, il se jette où sa fureur l'entraisne,
Il ne veut avoir d'yeux que pour ses faux portraits ;
Mais qui hait par devoir ne s'aveugle jamais.
C'est sa raison qui hait, qui toûjours équitable
Voit en l'objet haï ce qu'il a d'estimable,
Et verroit en l'aimé ce qu'il y faut blasmer,
Si ce mesme devoir luy commandoit d'aimer.
EDVIGE.
Vous en sçavez beaucoup.
RODELINDE.
     Ie sçay comme il faut vivre.
EDVIGE.
Vous estes dóc, Madame, un grand éxemple à suivre.
RODELINDE.
Pour vivre l'ame saine on n'a qu'à m'imiter.

TRAGEDIE.

EDVIGE.
Et qui veut vivre aimé n'a qu'à vous en conter?
RODELINDE.
I'aime en vous un soupçon qui vous sert de suplice,
S'il me fait quelque outrage, il m'en fait bien justice.
EDVIGE.
Quoy, vous refuseriez Grimoald pour époux?
RODELINDE.
Si je veux l'accepter, m'en empescherez-vous?
Ce qui jusqu'à present vous donne tant d'alarmes,
Si-tost qu'il me plaira, vous coûtera des larmes,
Et quelque grád pouvoir que vous preniez sur moy,
Ie n'ay qu'à dire un mot pour vous faire la loy.
N'aspirez point, Madame, où je voudray prétendre,
Tout son cœur est à moy si je daigne le prendre;
Consolez-vous pourtant, il m'en fait l'offre en vain,
Ie veux bien sa couronne, & ne veux point sa main.
Faites, si vous pouvez, revivre Pertharite,
Pour l'opposer aux feux dont vostre amour s'irrite,
Produisez un fantosme, ou semez un faux bruit,
Pour remettre en vos fers un Prince qui vous fuit;
I'aideray vostre feinte, & feray mon possible
Pour tromper avec vous ce Monarque invincible,
Pour renvoyer chez vous les vœux qu'on vient m'offrir,
Et n'avoir plus chez moy d'importuns à souffrir.
EDVIGE.
Qui croit déja ce bruit un tour de mon adresse,
De son effet sans doute auroit peu d'allegresse,
Et loin d'aider la feinte avec sincérité,
Pourroit fermer les yeux mesme à la vérité.

RODELINDE.
Après m'avoir fait perdre époux & Diadesme,
C'est trop que d'attenter jusqu'à ma gloire mesme,
Qu'ajouster l'infamie à de si rudes coups.
Connoissez-moy, Madame, & desabusez-vous.
 Ie ne vous céle point qu'ayant l'ame Royale
L'amour du Sçeptre encor me fait vostre rivale,
Et que je ne puis voir d'un cœur lasche & soûmis
La sœur de mon époux deshériter mon fils :
Mais que dans mes malheurs jamais je me dispose
A les vouloir finir m'unissant à leur cause,
A remonter au Trosne où vont tous mes desirs
En épousant l'autheur de tous mes déplaisirs !
Non, non, vous présumez en vain que je m'apreste
A faire de ma main sa derniére conqueste ;
Vnulphe peut vous dire en fidelle témoin
Combien à me gagner il perd d'art, & de soin.
Si malgré la parole & donnée & reçeuë
Il cessa d'estre à vous au moment qu'il m'eut veuë,
Aux cendres d'un mary tous mes feux réservez
Luy rendent les mépris que vous en recevez.

SCENE

TRAGEDIE.

SCENE III.
GRIMOALD, RODELINDE, EDVIGE, GARIBALDE, VNVLPHE.

RODELINDE.

Approche, Grimoald, & dis à ta jalouse,
A qui du moins ta foy doit le titre d'épouse,
Si depuis que pour moy je t'ay veu soûpirer
Iamais d'un seul coup d'œil je t'ay fait espérer.
Ou si tu veux laisser pour éternelle gesne
A cette ambitieuse une frayeur si vaine,
Dy-moy de mon époux le déplorable sort;
Il vit, il vit encor, si j'en croy son rapport.
De ses derniers honneurs les magnifiques pompes
Ne sont qu'illusions avec quoy tu me trompes,
Et ce riche tombeau que luy fait son vainqueur
N'est qu'un appas superbe à surprendre mon cœur.

GRIMOALD.

Madame, vous sçavez ce qu'on m'est venu dire,
Qu'allant de ville en ville, & d'Empire en Empire
Contre Edüige & moy mandier du secours,
Auprès du Roy des Huns il a finy ses jours:
Et si depuis sa mort j'ay tasché de vous rendre....

RODELINDE.

Qu'elle soit vraye, ou non, tu n'en dois rien
    attendre,
Ie dois à sa mémoire, à moy-mesme, à son fils,
Ce que je dûs aux nœuds qui nous avoient unis.

III. Partie.   Gg

Ce n'est qu'à le vanger que tout mon cœur s'applique,
Et puisqu'il faut enfin que tout ce cœur s'explique,
Si je puis une fois échaper de tes mains,
J'iray porter par tout de si justes desseins ;
J'iray dessus ses pas aux deux bouts de la Terre
Chercher des ennemis à te faire la guerre :
Ou s'il me faut languir prisonniére en ces lieux,
Mes vœux demanderont cette vangeance aux Cieux,
Et ne cesseront point jusqu'à ce que leur foudre
Sur mon Trosne usurpé brise ta teste en poudre.
 Madame, vous voyez avec quels sentimens
Ie mets ce grand obstacle à vos contentemens.
Adieu, si vous pouvez, conservez ma Couronne,
Et regagnez un cœur que je vous abandonne.

SCENE IV.

GRIMOALD, EDVIGE, GARIBALDE, VNVLPHE.

GRIMOALD.

Qv'avez-vous dit, Madame, & que supposez-vous
Pour la faire douter du sort de son époux?
Depuis quand, & de qui sçavez-vous qu'il respire?

EDVIGE.

Ce confident si cher pourra vous le redire.

GRIMOALD.

M'auriez-vous accusé d'avoir feint son trépas?

TRAGEDIE.

EDVIGE.
Ne vous alarmez point, elle ne m'en croit pas,
Son destin est plus doux vefve, que mariée,
Et de croire sa mort vous l'avez trop priée.
GRIMOALD.
Mais enfin?
EDVIGE.
Mais enfin chacun sçait ce qu'il sçait,
Et quand il sera temps nous en verrons l'effet.
Epouse-la, parjure, & fais-en une infame.
Qui ravit un Etat peut ravir une femme,
L'adultére & le rapt sont du droit des Tyrans.
GRIMOALD.
Vous me donniez jadis des tîtres différens.
Quand pour vous acquérir je gagnois des batailles,
Que mon bras de Milan foudroyoit les murailles,
Que je semois par tout la terreur, & l'effroy,
I'étois un grand Héros, j'étois un digne Roy.
Mais depuis que je régne en Prince magnanime,
Qui chérit la vertu, qui sçait punir le crime,
Que le Peuple sous moy voit ses destins meilleurs;
Ie ne suis qu'un Tyran parce que j'aime ailleurs.
Ce n'est plus la valeur, ce n'est plus la naissance
Qui donne quelque droit à la toute-puissance,
C'est vostre amour luy seul, qui fait des Conqué-
    rans,
Suivant qu'ils sont à vous, des Rois, ou des Tyrans.
Si ce tître odieux s'acquiert à vous déplaire,
Ie n'ay qu'à vous aimer si je veux m'en défaire,
Et ce mesme moment de lasche usurpateur
Me fera vray Monarque en vous rendant mon
    cœur.

PERTHARITE,
EDVIGE.
Ne prétens plus au mien après ta perfidie ;
I'ay mis entre tes mains toute la Lombardie,
Mais ne t'aveugle point dans ton nouveau soucy,
Ce n'est que sous mon nom que tu régnes icy,
Et le Peuple bien-tost montrera par sa haine
Qu'il n'adoroit en toy que l'amant de sa Reine,
Qu'il ne respectoit qu'elle, & ne veut point d'un Roy
Qui commence par elle à violer sa foy.
GRIMOALD.
Si vous étiez, Madame, au milieu de Pavie,
Dont vous fit Reine un frére en sortant de la vie,
Ce discours, quoy que mesme un peu hors de saison,
Pourroit avoir du moins quelque ombre de raison.
Mais icy, dans Milan, dont j'ay fait ma conqueste,
Où ma seule valeur a couronné ma teste,
Au milieu d'un Etat où tout le Peuple à moy
Ne sçauroit craindre en vous que l'amour de son
   Roy,
La menace impuissante est de mauvaise grace,
Avec tant de foiblesse il faut la voix plus basse ;
I'y régne, & régneray malgré vostre couroux,
I'y fais à tous justice, & commence par vous.
EDVIGE.
Par moy ? ### GRIMOALD.
   Par vous, Madame.
EDVIGE.
   Après la foy receuë !
Après deux ans d'amour si laschement deceuë !
GRIMOALD.
Dites après deux ans de haine, & de mépris,
Qui de toute ma flame ont été le seul prix.

TRAGEDIE.
EDVIGE.
Appelles-tu mépris une amitié sincére?
GRIMOALD.
Vne amitié fidelle à la haine d'un frére,
Vn long orgueil armé d'un frivole serment,
Pour s'opposer sans cesse au bonheur d'un amant.
 Si vous m'aviez aimé, vous n'auriez pas eu honte
D'attacher vostre sort à la valeur d'un Comte;
Iusqu'à ce qu'il fust Roy vous plaire à le gesner,
C'étoit vouloir vous vendre, & non pas vous dôner.
Ie me suis donc fait Roy pour plaire à vostre envie,
I'ay conquis vostre cœur aux périls de ma vie,
Mais alors qu'il m'est dû, je suis en liberté
De vous laisser un bien que j'ay trop acheté,
Et vostre ambition est justement punie,
Quand j'affranchis un Roy de vostre Tyrannie.
 Vn Roy doit pouvoir tout, & je ne suis pas Roy,
S'il ne m'est pas permis de disposer de moy;
C'est quitter, c'est trahir les droits du Diadesme
Que sur le haut d'un Trosne estre esclave moy-
  mesme,
Et dans ce mesme Trosne où vous m'avez voulu
Sur moy comme sur tous je dois estre absolu,
C'est le prix de mon sang, souffrez que j'en dispose,
Et n'accusez que vous du mal que je vous cause.
EDVIGE.
Pour un grand conquérant que tu te défens mal,
Et quel étrange Roy tu fais de Grimoald!
 Ne dy plus que ce rang veut que tu m'abandônes,
Et que la trahison est un droit des Couronnes;
Mais si tu veux trahir, trouve du moins, ingrat,
De plus belles couleurs dans les raisons d'Etat.

Dy qu'un usurpateur doit amuser la haine
Des Peuples mal domptez en épousant leur Reine,
Leur faire presumer qu'il veut rendre à son fils
Vn Sceptre sur le père injustement conquis,
Qu'il ne veut gouverner que durant son enfance,
Qu'il ne veut qu'en dépost la supresme puissance,
Qu'il ne veut autre titre en leur donnant la loy
Que d'époux de la Reine, & de tuteur du Roy.
Dy que sans cet Hymen ta puissance t'échape,
Qu'un vieil amour des Rois la détruit, & la sappe;
Dy qu'un Tyran qui régne en païs ennemy
N'y sçauroit voir son Trosne autrement affermy.
De cette illusion l'apparence plausible
Rendroit ta lascheté peut-estre moins visible,
Et l'on pourroit donner à la nécessité,
Ce qui n'est qu'un effet de ta legéreté.

GRIMOALD.

I'embrasse un bon avis de quelque part qu'il vienne.
Vnulphe, allez trouver la Reine de la mienne,
Et taschez par cette offre à vaincre sa rigueur.
   Madame, c'est à vous que je devray son cœur,
Et pour m'en revácher je prendray soin moy-mesme
De faire choix pour vous d'un mary qui vous aime,
Qui soit digne de vous, & puisse mériter
L'amour que malgré moy vous voulez me porter.

EDVIGE.

Traistre, je n'en veux point que ta mort ne me donne,
Point qui n'ait par ton sang affermy ma Couronne.

GRIMOALD.

Vous pourrez à ce prix en trouver aisément.
Remettez la Princesse à son appartement,

TRAGEDIE. 471

Duc, & taschez à rompre un dessein sur ma vie,
Qui me feroit trembler, si j'étois à Pavie.
EDVIGE.
Crains-moy, crains-moy par tout ; & Pavie, & Milan,
Tout lieu, tout bras est propre à punir un Tyran,
Et tu n'as point de Forts où vivre en asseurance,
Si de ton sang versé je suis la récompense.
GRIMOALD.
Dissimulez du moins ce violent couroux,
Ie deviendrois Tyran, mais ce seroit pour vous.
EDVIGE.
Va, je n'ay point le cœur assez lasche pour feindre.
GRIMOALD.
Allez donc, & craignez, si vous me faites craindre.

Fin du premier Acte.

PERTHARITE,

ACTE II.

SCENE PREMIERE.
EDVIGE, GARIBALDE.

EDVIGE.

E l'ay dit à mon traiſtre, & je vous le redis,
Ie me doy cette joye après de tels mé-
   pris,
Et mes ardens ſouhaits de voir punir ſon change
Aſſeurent ma conqueſte à quiconque me vange.
Suivez le mouvement d'un ſi juſte couroux,
Et ſans perdre de vœux obtenez-moy de vous.
Pour gagner mon amour il faut ſervir ma haine,
A ce prix eſt le Sçeptre, à ce prix une Reine,
Et Grimoald puny rendra digne de moy
Quiconque oſe m'aimer, ou ſe veut faire Roy.

GARIBALDE.
Mettre à ce prix vos feux, & voſtre Diadeſme,
C'eſt ne cōnoiſtre pas voſtre haine, & vous-meſme,
Et qui ſous cet eſpoir voudroit vous obéïr
Chercheroit les moyens de ſe faire haïr.
Grimoald inconſtāt n'a plus pour vous de charmes,
Mais Grimoald puny vous coûteroit des larmes:

TRAGEDIE.

A cet objet sanglant l'effort de la pitié
Reprendroit tous les droits d'une vieille amitié,
Et son crime en son sang éteint avec sa vie
Passeroit en celuy qui vous auroit servie.
  Quels que soient ses mépris, peignez-vous bien
    sa mort,
Madame, & vostre cœur n'en sera pas d'accord.
Quoy qu'un amant volage excite de colére,
Son change est odieux, mais sa personne est chére,
Et ce qu'a joint l'amour a beau se desunir,
Pour le rejoindre mieux il ne faut qu'un soûpir.
Ainsi n'espérez pas que jamais on s'asseure
Sur les boüillans transports qu'arrache son parjure.
Si le ressentiment de sa legéreté
Aspire à la vangeance avec sincérité,
En quelques dignes mains qu'il veüille la remettre,
Il vous faut vous dôner, & non pas vous promettre,
Attacher vostre sort avec le nom d'époux
A la valeur du bras qui s'armera pour vous.
Tant qu'on verra ce prix en quelque incertitude,
L'oseroit-on punir de son ingratitude ?
Vostre haine tremblante est un mauvais appuy
A quiconque pour vous entreprendroit sur luy,
Et quelque doux espoir qu'offre cette colére,
Vne plus forte haine en seroit le salaire.
Donnez-vous dôc, Madame, & faites qu'un vangeur
N'ait plus à redouter le desaveu du cœur.
    E D V I G E.
Que vous m'étes crüel en faveur d'un infame,
De vouloir malgré moy lire au fond de mon ame,
Où mon amour trahy que j'éteins à regret,
Luy fait contre ma haine un partisan secret !

Quelques justes Arrests que ma bouche prononce,
Ce sont de vains efforts, où tout mon cœur renonce,
Ce lasche malgré moy l'ose encor protéger,
Et veut mourir du coup qui m'en pourroit vanger.
Vangez-moy toutefois, mais d'une autre maniére,
Pour conserver mes jours laissez-luy la lumière ;
Quelque mort que je doive à son manque de foy,
Ostez-luy Rodelinde, & c'est assez pour moy,
Faites qu'elle aime ailleurs, & punissez son crime
Par ce desespoir mesme où son change m'abysme.
Faites plus, s'il est vray que je puis tout sur vous,
Ramenez cet ingrat tremblant à mes genoux,
Le repentir au cœur, les pleurs sur le visage
De tant de laschetez me faire un plein hommage,
Implorer le pardon qu'il ne mérite pas,
Et remettre en mes mains sa vie, & son trépas.

GARIBALDE.

Ajoustez-y, Madame, encor qu'à vos yeux-mesme
Cette odieuse main perce un cœur qui vous aime,
Et que l'amant fidelle au volage immolé
Expie au lieu de luy ce qu'il a violé.
L'ordre en sera moins rude, & moindre le supplice,
Que celuy qu'à mes feux prescrit vostre injustice,
Et le trépas en soy n'a rien de rigoureux
A l'égal de vous rendre un rival plus heureux.

EDVIGE.

Duc, vous vous alarmez faute de me connoistre,
Mon cœur n'est pas si bas qu'il puisse aimer un traistre.
Je veux qu'il se repente, & se repente en vain,
Rendre haine pour haine, & dédain pour dédain.

TRAGEDIE.

Ie veux qu'en vain son ame esclave de la mienne
Me demande sa grace, & jamais ne l'obtienne,
Qu'il soûpire sans fruit, & pour le punir mieux,
Ie veux mesme à mon tour vous aimer à ses yeux.

GARIBALDE.

Le pourrez-vous, Madame, & sçavez-vous vos
 forces?
Sçavez-vous de l'amour quelles sont les amorces?
Sçavez-vous ce qu'il peut, & qu'un visage aimé
Est toûjours trop aimable à ce qu'il a charmé?
Si vous ne m'abusez, vostre cœur vous abuse;
L'inconstance jamais n'a de mauvaise excuse,
Et comme l'amour seul fait le ressentiment,
Le moindre repentir obtient grace à l'amant.

EDVIGE.

Quoy qu'il puisse arriver donnez-vous cette gloire
D'avoir sur cet ingrat rétably ma victoire,
Sans songer qu'à me plaire éxécutez mes loix,
Et pour l'événement laissez tout à mon choix.
Souffrez qu'en liberté je l'aime, ou le néglige,
L'amant est trop payé quand son service oblige,
Et quiconque en aimant aspire à d'autres prix
N'a qu'un amour servile, & digne de mépris.
Le véritable amour jamais n'est mercenaire,
Il n'est jamais soüillé de l'espoir du salaire,
Il ne veut que servir, & n'a point d'intérest
Qu'il n'immole à celuy de l'objet qui luy plaist.
 Voyez donc Grimoald, taschez à le réduire,
Faites-moy triompher au hazard de vous nuire,
Et si je prens pour luy des sentimens plus doux,
Vous m'aurez faite heureuse, & c'est assez pour
 vous.

Ie verray par l'effort de voſtre obéïſſance
Où doit aller celuy de ma reconnoiſſance.
Cependant, s'il eſt vray que j'ay pû vous charmer,
Aimez-moy plus que vous, ou ceſſez de m'aimer.
C'eſt par là ſeulement qu'on mérite Edüige,
Ie veux bien qu'on eſpére, & non pas qu'on éxige,
Ie ne veux rien devoir, mais lors qu'on me ſert bien,
On peut attendre tout de qui ne promet rien.

SCENE II.

GARIBALDE.

Quelle confuſion, & quelle tyrannie
M'ordonne d'eſpérer ce qu'elle me dénie,
Et de quelle façon eſt-ce écouter des vœux
Qu'obliger un amant à travailler contre eux !
Simple, ne pretens pas ſur cet eſpoir frivole
Que je taſche à te rendre un cœur que je te vole,
Ie t'aime, mais enfin je m'aime plus que toy.
C'eſt moy ſeul qui le porte à ce manque de foy,
Auprès d'un autre objet c'eſt moy ſeul qui l'engage,
Ie ne détruiray pas moy-meſme mon ouvrage.
Il m'a choiſi pour toy, de peur qu'un autre époux
Avec trop de chaleur n'embraſſe ton couroux ;
Mais luy-meſme il ſe trompe en l'amant qu'il te
 donne.
Ie t'aime, & puiſſamment, mais moins que la
 Couronne,
Et mon ambition qui taſche à te gagner
Ne cherche en ton Hymen que le droit de régner.

TRAGÉDIE.

De tes ressentimens s'il faut que je l'obtienne,
Ie sçauray joindre encor cent haines à la tienne,
L'ériger en Tyran par mes propres conseils,
De sa perte par luy dresser les appareils,
Mesler si bien l'adresse avec un peu d'audace,
Qu'il ne faille qu'oser pour me mettre en sa place,
Et comme en t'épousant j'en auray droit de roy,
Ie t'épouseray lors, mais pour me faire Roy.
Mais voicy Grimoald.

SCENE III.

GRIMOALD, GARIBALDE.

GRIMOALD.

Et bien, quelle espérance,
Duc, & qu'obtiendrons-nous de ta persévérance?

GARIBALDE.

Ne me commandez plus, Seigneur, de l'adorer,
Ou ne luy laissez plus aucun lieu d'espérer.

GRIMOALD.

Quoy! de tout mon pouvoir je l'avois irritée,
Pour faire que ta flame en fust mieux écoutée,
Qu'un dépit redoublé la pressant contre moy
La rendist plus facile à recevoir ta foy,
Et fist tomber ainsi par ses ardeurs nouvelles
Le dépost de sa haine en des mains si fidelles!
Cependant son espoir à mon Trosne attaché
Par aucun de nos soins n'en peut estre arraché!

Mais as-tu bien promis ma teste à sa vangeance?
Ne l'as-tu point offerte avecque négligence,
Avec quelque froideur, qui l'ait fait soupçonner
Que tu la promettois sans la vouloir donner?
GARIBALDE.
Ie n'ay rien oublié de ce qui peut séduire
Vn vray ressentiment qui voudroit vous détruire;
Mais son feu mal éteint ne se peut déguiser,
Son plus ardent couroux brusle de s'appaiser,
Et je n'obtiédray point, Seigneur, qu'elle m'écoute,
Iusqu'à ce qu'elle ait veu vostre Hymen hors de doute,
Et que de Rodelinde étant l'illustre époux
Vous chassiez de son cœur tout espoir d'estre à vous.
GRIMOALD.
Hélas! je mets en vain toute chose en usage,
Ny priéres, ny vœux n'ébranlent son courage.
Malgré tous mes respects je voy de jour en jour
Croistre sa résistance autant que mon amour,
Et si l'offre d'Vnulphe à present ne la touche,
Si l'intérest d'un fils ne la rend moins farouche,
Desormais je renonce à l'espoir d'amollir
Vn cœur que tant d'efforts ne font qu'énorgueillir.
GARIBALDE.
Non, non, Seigneur, il faut que cet orgueil vous céde,
Mais un mal violent veut un pareil reméde.
Montrez-vous tout ensemble amant, & Souverain,
Et sçachez commander, si vous priez en vain.
Que sert ce grand pouvoir qui suit le Diadesme,
Si l'amant couronné n'en use pour soy-mesme?

TRAGEDIE.

Vn Roy n'est pas moins Roy pour se laisser charmer,
Et doit faire obéïr qui ne veut pas aimer.

GRIMOALD.

Porte, porte aux Tyrans tes damnables maximes,
Ie hay l'Art de régner qui se permet des crimes.
De quel front dônerois-je un éxemple aujourd'huy,
Que mes loix dès demain puniroient en autruy?
Le pouvoir absolu n'a rien de redoutable
Dont à sa conscience un Roy ne soit contable,
L'amour l'excuse mal s'il régne injustement,
Et l'amant couronné doit n'agir qu'en amant.

GARIBALDE.

Si vous n'osez forcer du moins faites-vous craindre,
Daignez pour estre heureux un moment vous con-
    traindre,
Et si l'offre d'Vnulphe en reçoit des mépris,
Menacez hautement de la mort de son fils.

GRIMOALD.

Que par ces laschetez j'ose me satisfaire!

GARIBALDE.

Si vous n'osez parler, du moins laissez-nous faire:
Nous sçaurons vous servir, Seigneur, & malgré
    vous.
Prétez-nous seulement un moment de couroux,
Et permettez après qu'on l'explique & qu'on feigne
Ce que vous n'osez dire, & qu'il faut qu'elle craigne.
Vous desavoûrez tout. Après de tels projets
Les Rois impunément dédisent leurs Sujets.

GRIMOALD.

Sçachons ce qu'il a fait avant que de résoudre
Si je dois en tes mains laisser gronder ce foudre.

SCENE IV.
GRIMOALD, GARIBALDE, VNVLPHE.

GRIMOALD.

Qve faut-il faire, Vnulphe? est-il téps de mourir,
N'as-tu veu pour ton Roy nul espoir de guérir?
VNVLPHE.
Rodelinde, Seigneur, enfin plus raisonnable
Semble avoir dépoüillé cet orgueil indomptable,
Elle a receu vostre offre avec tant de douceur....
GRIMOALD.
Mais l'a-t'elle acceptée? as-tu touché son cœur?
A-t'elle montré joye? en paroit-elle émeuë?
Peut-elle s'abaisser jusqu'à souffrir ma veuë?
Qu'a-t'elle dit enfin?
VNVLPHE.
              Beaucoup sans dire rien.
Elle a paisiblement souffert mon enttetien,
Son ame à mes discours surprise, mais tranquille....
GRIMOALD.
Ah, c'est m'assassiner d'un discours inutile,
Ie ne veux rien sçavoir de sa tranquillité,
Dy seulement un mot de sa facilité.
Quand veut-elle à son fils donner mon Diadesme?
VNVLPHE.
Elle en veut apporter la réponse elle-mesme.
GRIMOALD.
Quoy, tu n'as sçeu pour moy plus avant l'engager?
VNVL-

TRAGEDIE.

VNVLPHE.
Seigneur, c'est assez dire à qui veut bien juger,
Vous n'en sçauriez avoir une preuve plus claire,
Qui demande à vous voir ne veut pas vous déplaire.
Ses refus se seroient expliquez avec moy,
Sans chercher la presence, & le couroux d'un Roy.

GRIMOALD.
Mais touchant cet époux qu'Edüige r'anime...

VNVLPHE.
De ce discours en l'air elle fait peu d'estime,
L'artifice est si lourd qu'il ne peut l'émouvoir,
Et d'une main suspecte il n'a point de pouvoir.

GARIBALDE.
Edüige elle-mesme est mal persuadée
D'un retour dont elle aime à vous donner l'idée,
Et ce n'est qu'un faux jour qu'elle a voulu jetter,
Pour luy troubler la veuë, & vous inquiéter.
Mais déja Rodelinde apporte sa réponse.

GRIMOALD.
Ah ! j'entens mon Arrest sans qu'on me le prononce,
Ie vay mourir, Vnulphe, & ton zéle pour moy
T'abuse le premier, & m'abuse après toy.

VNVLPHE.
Espérez mieux, Seigneur.

GRIMOALD.
             Tu le veux, & j'espére,
Mais que cette douceur va devenir amére,
Et que ce peu d'espoir où tu me viens forcer
Rendra rudes les coups dont on va me percer.

SCENE V.

GRIMOALD, RODELINDE, GARIBALDE, VNVLPHE.

GRIMOALD.

Madame, il est donc vray que vostre ame sensible
A la compassion s'est renduë accessible,
Qu'elle fait succéder dans ce cœur plus humain
La douceur à la haine, & l'estime au dédain,
Et que laissant agir une bonté cachée
A de si longs mépris elle s'est arrachée?

RODELINDE.

Ce cœur dont tu te plains de ta plainte est surpris,
Comte, je n'eus pour toy jamais aucun mépris,
Et ma haine elle-mesme auroit creu faire un crime,
De t'avoir desrobé ce qu'on te doit d'estime.
 Quand je voy ta conduite en mes propres Etats
Achever sur les cœurs l'ouvrage de ton bras,
Avec ces mesmes cœurs qu'un si grand Art te donne
Ie dis que la vertu régne dans ta personne,
Avec eux je te louë, & je doute avec eux
Si sous leur vray Monarque ils seroient plus heureux,
Tant ces hautes vertus qui fondent ta puissance
Réparent ce qui manque à l'heur de ta naissance.
Mais quoy qu'on en ait veu d'admirable, & de grand,
Ce que m'en dit Vnulphe aujourd'huy me surprend.

Vn vainqueur dans le Trofne, un conquérant
                qu'on aime,
Faifant juftice à tous fe la fait à foy-mefme!
Se croit ufurpateur fur ce Trofne conquis!
Et ce qu'il ofte au pére, il le veut rendre au fils!
Comte, c'eft un effort à diffiper la gloire
Des noms les plus fameux dont fe pare l'Hiftoire,
Et que le grand Augufte ayant ofé tenter
N'ofa prendre du cœur jufqu'à l'éxécuter.
Ie viens donc y répondre, & de toute mon ame
Te rendre pour mon fils....
   GRIMOALD.
      Ah, c'en eft trop, Madame,
Ne vous abaiffez point à des remercîmens,
C'eft moy qui vous doy tout, & fi mes fentimens....
   RODELINDE.
Souffre les miens, de grace, & permets que je mette
Cet effort merveilleux en fa gloire parfaite,
Et que ma propre main tafche d'en arracher
Tout ce meflange impur dont tu le veux tacher.
Car enfin cet effort eft de telle nature,
Que la fource en doit eftre à nos yeux toute pure,
La vertu doit régner dans un fi grand projet,
En eftre feule caufe, & l'honneur feul objet;
Et depuis qu'on le foüille, ou d'efpoir de falaire,
Ou de chagrin d'amour, ou de foucy de plaire,
Il part indignement d'un courage abatu,
Où la paffion régne, & non pas la vertu.
 Comte, penfes-y bien, & pour m'avoir aimée,
N'imprime point de tache à tant de Renommée,
Ne croy que ta vertu, laiffe-la feule agir,
Que cet illuftre effort ne te donne à rougir.
      Hh ij

On publîroit de toy que les yeux d'une femme
Plus que ta propre gloire auroient touché ton ame ;
On diroit qu'un Héros si grand, si renommé,
Ne seroit qu'un Tyran s'il n'avoit point aimé.

GRIMOALD.

Donnez-moy cette honte, & je la tiens à gloire,
Faites de vos mépris ma derniére victoire,
Et souffrez qu'on impute à ce bras trop heureux
Que vostre seul amour l'a rendu généreux.
Souffrez que cet amour par un effort si juste
Ternisse le grand nom & les hauts faits d'Auguste,
Qu'il ait plus de pouvoir que ses vertus n'ont eu.
Qui n'adore que vous n'aime que la vertu,
Cet effort merveilleux est de telle nature,
Qu'il ne sçauroit partir d'une source plus pure,
Et la plus noble enfin des belles passions
Ne peut faire de taches aux grandes actions.

RODELINDE.

Comte, ce qu'elle jette à tes yeux de poussiére
Pour voir ce que tu fais les laisse sans lumiére.
A ces conditions rendre un Sçeptre conquis,
C'est asservir la mére en couronnant le fils,
Et pour en bien parler, ce n'est pas tant le rendre,
Qu'au prix de mon hónneur indignement le vendre.
Ta gloire en pourroit croistre, & tu le veux ainsi,
Mais l'éclat de la mienne en seroit obscurcy.

Quel que soit ton amour, quel que soit ton mérite,
La défaite & la mort de mon cher Pertharite
D'un sanglant caractére ébauchant tes hauts faits
Les peignent à mes yeux comme autant de forfaits,
Et ne pouvant les voir que d'un œil d'ennemie,
Ie n'y puis prendre part sans entiére infamie.

TRAGEDIE.

Ce sont des sentimens que je ne puis trahir,
Ie te dois estimer, mais je te doy haïr,
Ie dois agir en vefve autant qu'en magnanime,
Et porter cette haine aussi loin que l'estime.
GRIMOALD.
Ah, forcez-vous, de grace, à des termes plus doux,
Pour des crimes qui seuls m'ont fait digne de vous.
Par eux seuls ma valeur en teste d'une Armée
A des plus grands Héros atteint la Renommée,
Par eux seuls j'ay vaincu, par eux seuls j'ay régné,
Par eux seuls ma justice a tant de cœurs gagné,
Par eux seuls j'ay paru digne du Diadesme,
Par eux seuls je vous voy ; par eux seuls je vous aime,
Et par eux seuls enfin mon amour tout parfait
Ose faire pour vous ce qu'on n'a jamais fait.
RODELINDE.
Tu ne fais que pour toy, s'il t'en faut récompense ;
Et je te dis encor que toute ta vaillance,
T'ayant fait vers moy seule à jamais criminel,
A mis entre nous deux un obstacle éternel.
Garde donc ta conqueste, & me laisse ma gloire,
Respecte d'un époux, & l'Ombre, & la mémoire,
Tu l'as chassé du Trosne, & non pas de mon cœur.
GRIMOALD.
Vnulphe, c'est donc là toute cette douceur!
C'est là comme son ame enfin plus raisonnable
Semble avoir dépoüillé cet orgueil indomptable!
GARIBALDE.
Seigneur, souvenez-vous qu'il est temps de parler.
GRIMOALD.
Ouy, l'affront est trop grand pour le dissimuler,

Elle en sera punie, & puisqu'on me méprise,
Ie deviendray Tyran de qui me tyrannise,
Et ne souffriray plus qu'une indigne fierté
Se jouë impunément de mon trop de bonté.
RODELINDE.
Et bien, devien Tyran, renonce à ton estime,
Renonce au nom de juste, au nom de magnanime...
GRIMOALD.
La vangeance est plus douce enfin que ces vains nós,
S'ils me font malheureux, à quoy me sont-ils bons?
Ie me feray justice en domptant qui me brave,
Qui ne veut point régner mérite d'estre esclave.
Allez sans irriter plus long-temps mon couroux
Attendre ce qu'un maistre ordonnera de vous.
RODELINDE. (ordonne.
Qui ne craint point la mort, craint peu quoy qu'il
GRIMOALD. (ne.
Vous la craindrez peut-estre en quelqu'autre person-
RODELINDE.
Quoy, tu voudrois... GRIMOALD.
   Allez, & ne me pressez point,
On vous pourra trop tost éclaircir sur ce point.

Rodelinde rentre.

Voilà tous les efforts qu'enfin j'ay pû me faire,
Toute ingrate qu'elle est, je tremble à luy déplaire,
Et ce peu que j'ay fait suivy d'un desaveu
Gesne autant ma vertu, comme il trahit mon feu.
Achéve, Garibalde, Vnulphe est trop crédule,
Il prend trop aisément un espoir ridicule,
Menace, puisqu'enfin c'est perdre temps qu'offrir.
Toy qui m'as trop flaté, vien m'aider à souffrir.

Fin du second Acte.

ACTE III.

SCENE PREMIERE.
GARIBALDE, RODELINDE.

GARIBALDE

E n'est plus seulement l'offre d'un Dia-
desme
Que vous fait pour un fils un Prince qui
vous aime,
Et de qui le refus ne puisse estre imputé
Qu'à fermeté de haine, ou magnanimité :
Il y va de sa vie, & la juste colére
Où jettent cet amant les mépris de la mére,
Veut punir sur le sang de ce fils innocent
La dureté d'un cœur si peu reconnoissant.
C'est à vous d'y penser, tout le choix qu'on vous
donne
C'est d'accepter pour luy la mort, ou la Couronne,
Son sort est en vos mains, aimer, ou dédaigner,
Le va faire périr, ou le faire régner.
RODELINDE.
S'il me faut faire un choix d'une telle impor-
tance,
On me donnera bien le loisir que j'y pense.

GARIBALDE.
Pour en délibérer vous n'avez qu'un moment,
I'en ay l'ordre pressant & sans retardement.
Madame, il faut résoudre, & s'expliquer sur l'heure,
Vn mot est bien-tost dit, si vous voulez qu'il meure,
Prononcez-en l'Arrest, & j'en prendray la loy
Pour faire éxécuter les volontez du Roy.
RODELINDE.
Vn mot est bien-tost dit, mais dans un tel martire
On n'a pas bien-tost veu quel mot c'est qu'il faut
 dire,
Et le choix qu'on m'ordonne est pour moy si fatal,
Qu'à mes yeux des deux parts le supplice est égal.
Puisqu'il faut obéïr, fay-moy venir ton maistre.
GARIBALDE.
Quel choix avez-vous fait?
RODELINDE.
 Ie luy feray connoistre
Que si... GARIBALDE.
 C'est avec moy qu'il vous faut achever,
Il est las desormais de s'entendre braver,
Et si je ne luy porte une entiére asseurance
Que vos desirs enfin suivent son espérance,
Sa veuë est un honneur qui vous est défendu.
RODELINDE.
Que me dis-tu, perfide? ay-je bien entendu?
Tu crains donc qu'une femme à force de se plaindre
Ne sauve une vertu que tu tasches d'éteindre,
Ne remette un Héros au rang de ses pareils,
Dont tu veux l'arracher par tes lasches conseils?
 Ouy, je l'épouseray, ce trop aveugle maistre,
Tout cruel, tout Tyran que tu le forces d'estre:

TRAGEDIE.

Va, cours l'en asseurer, mais penses-y deux fois,
Crains moy, crains son amour, s'il accepte mon choix,
Ie puis beaucoup sur luy, j'y pourray davantage,
Et régneray peut-estre après cet esclavage.

GARIBALDE.

Vous régnerez, Madame, & je seray ravy
De mourir glorieux pour l'avoir bien servy.

RODELINDE.

Va, je luy feray voir que de pareils services
Sont dignes seulement des plus crüels supplices,
Et que de tous les maux dont les Rois sont autheurs
Ils s'en doivent vanger sur de tels serviteurs.
   Tu peux en attendant luy donner cette joye,
Que pour gagner mon cœur il a trouvé la voye,
Que ton zéle insolent & ton mauvais destin
A son amour barbare en ouvrent le chemin,
Dy-luy puisqu'il le faut, qu'à l'Hymen je m'apreste,
Mais fuy-nous s'il s'acheve, & tremble pour ta teste.

GARIBALDE.

Ie veux bien à ce prix vous donner un grand Roy.

RODELINDE.

Qu'à ce prix donc il vienne, & m'apporte sa foy.

SCENE II.
RODELINDE, EDVIGE.

EDVIGE.

VOstre félicité sera mal asseurée
Dessus un fondement de si peu de durée.
Vous avez toutefois de si puissans appas...

RODELINDE.

Ie sçay quelques secrets que vous ne sçavez pas,
Et si j'ay moins que vous d'attraits, & de mérite,
I'ay des moyens plus seurs d'empescher qu'on me quitte.

EDVIGE.

Mon éxemple....

RODELINDE.

Souffrez que je n'en craigne rien,
Et par vostre malheur ne jugez pas du mien.
Chacun à ses périls peut suivre sa fortune,
Et j'ay quelques soucis que l'éxemple importune.

EDVIGE.

Ce n'est pas mon dessein de vous importuner.

RODELINDE.

Ce n'est pas mon dessein aussi de vous gesner,
Mais vostre jalousie un peu trop inquiéte
Se donne malgré moy cette gesne secrette.

EDVIGE.

Ie ne suis point jalouse, & l'infidélité....

RODELINDE.

Et bien, soit jalousie, ou curiosité,

TRAGEDIE.

Depuis quand sommes-nous en telle intelligence
Que tout mon cœur vous doive entiere confidence?
EDVIGE.
Ie n'en pretens aucune, & c'est assez pour moy
D'avoir bien entendu comme il accepte un Roy.
RODELINDE.
On n'entend pas toûjours ce qu'on croit bien en-
tendre.
EDVIGE.
De vray dans un discours difficile à comprendre
Ie ne devine point, & n'en ay pas l'esprit,
Mais l'esprit n'a que faire où l'oreille suffit.
RODELINDE.
Il faudroit que l'oreille entendist sa pensée.
EDVIGE.
I'entens assez la vostre ; on vous aura forcée,
On vous aura fait peur, ou de la mort d'un fils,
Ou de ce qu'un Tyran se croit estre permis,
Et l'on fera courir quelque mauvaise excuse,
Dont la Cour s'éblouïsse, & le Peuple s'abuse.
Mais cependant ce cœur que vous m'abandonniez...
RODELINDE.
Il n'est pas temps encor que vous vous en plaigniez,
Comme il m'a fait des loix, j'ay des loix à luy faire.
EDVIGE.
Il les acceptera pour ne vous pas déplaire,
Prenez-en sa parole, il sçait bien la garder.
RODELINDE.
Pour remonter au Trosne on peut tout hazarder.
Laissez-m'en, quoy qu'il fasse, ou la gloire, ou la
  honte,
Puisque ce n'est qu'à moy que j'en dois rendre côte.

Si vostre cœur souffroit ce que souffre le mien,
Vous ne vous plairiez pas en un tel entretien,
Et vostre ame à ce prix voyant un Diadesme
Voudroit en liberté se consulter soy-mesme.

EDVIGE.
Ie demande pardon si je vous fais souffrir,
Et vay me retirer pour ne vous plus aigrir.

RODELINDE.
Allez, & demeurez dans cette erreur confuse,
Vous ne méritez pas que je vous desabuse.

EDVIGE.
Ce cher amant sans moy vous entretiendra mieux,
Et je n'ay plus besoin de rapport de mes yeux.

SCENE III.
GRIMOALD, RODELINDE, GARIBALDE.

RODELINDE.

IE me rens, Grimoald, mais non pas à la force,
Le tître que tu prens m'est une douce amorce,
Et s'empare si bien de mon affection,
Qu'elle ne veut de toy qu'une condition.
Si je n'ay pû t'aimer, & juste, & magnanime,
Quand tu deviens Tyran je t'aime dans le crime,
Et pour moy ton Hymen est un souverain bien,
S'il rend ton nom infame aussi-bien que le mien.

GRIMOALD.
Que j'aimeray, Madame, une telle infamie,
Qui vous fera cesser d'estre mon ennemie !

TRAGEDIE.

Achevez, achevez, & sçachons à quel prix
Ie puis mettre une borne à de si longs mépris,
Ie ne veux qu'une grace, & disposez du reste.
Ie crains pour Garibalde une haine funeste,
Ie la crains pour Vnulphe, à cela près, parlez.

RODELINDE.

Va, porte cette crainte à des cœurs ravalez :
Ie ne m'abaisse point aux foiblesses des femmes,
Iusques à me vanger de ces petites ames.
Si leurs mauvais conseils me forcent de régner,
Ie les en doy haïr, & sçay les dédaigner.
Le Ciel qui punit tout choisira pour leur peine
Quelques moyens plus bas que cette illustre haine;
Qu'ils vivent cependant, & que leur lascheté
A l'ombre d'un Tyran trouve sa seureté.
Ce que je veux de toy porte le caractére
D'une vertu plus haute, & digne de te plaire.
 Tes offres n'ont point eu d'éxemples jusqu'icy,
Et ce que je demande est sans éxemple aussi :
Mais je veux qu'il te donne une marque infaillible,
Que l'intérest d'un fils ne me rend point sensible,
Que je veux estre à toy sans le considérer,
Sans regarder en luy que craindre, ou qu'espérer.

GRIMOALD.

Madame, achevez donc de m'accabler de joye;
Par quels heureux moyens faut-il que je vous croye?
Expliquez-vous, de grace, & j'attreste les Cieux
Que tout suivra sur l'heure un bien si précieux.

RODELINDE.

Après un tel serment j'obéis, & m'explique.
Ie veux donc d'un Tyran un acte Tyrannique,

Puisqu'il en veut le nom, qu'il le soit tout-à-fait,
Que toute sa vertu meure en un grand forfait,
Qu'il renonce à jamais aux glorieuses marques
Qui le mettoient au rang des plus dignes Monarques,
Et pour le voir méchant, lasche, impie, inhumain,
Ie veux voir ce fils mesme immolé de sa main.

GRIMOALD.

Iuste Ciel !

RODELINDE.

Que veux-tu pour marque plus certaine
Que l'intérest d'un fils n'amollit point ma haine,
Que je me donne à toy sans le considérer,
Sans regarder en luy que craindre, ou qu'espérer ?
Tu trembles, tu pâlis, il semble que tu n'oses
Toy-mesme éxécuter ce que tu me proposes !
S'il te faut du secours, je n'y recule pas,
Et veux bien te préter l'éxemple de mon bras.
Fay, fay venir ce fils qu'avec toy je l'immole,
Dégage ton serment, je tiendray ma parole.
Il faut bien que le crime unisse à l'avenir
Ce que trop de vertus empeschoit de s'unir.
Qui tranche du Tyran doit se résoudre à l'estre.
Pour remplir ce grád nom as-tu besoin d'un maistre,
Et faut-il qu'une mére aux dépens de son sang
T'apprenne à mériter cet effroyable rang ?
N'en souffre pas la honte, & pren toute la gloire
Que cet illustre effort attache à ta mémoire,
Fay voir à tes flateurs qui te font trop oser
Que tu sçais mieux que moy l'art de tyranniser,
Et par une action aux seuls Tyrans permise
Devien le vray Tyran de qui te tyrannise.

TRAGEDIE.

A ce prix je me donne, à ce prix je me rends,
Ou si tu l'aimes mieux, à ce prix je me vends,
Et consens à ce prix que ton amour m'obtienne,
Puisqu'il soüille ta gloire aussi-bien que la mienne.
GRIMOALD.
Garibalde, est-ce-là ce que tu m'avois dit?
GARIBALDE.
Avec vostre jalouse elle a changé d'esprit,
Et je l'avois laissée à l'Hymen toute preste,
Sans que son déplaisir menaçast que ma teste.
Mais ces fureurs enfin ne sont qu'illusion,
Pour vous donner, Seigneur, quelque confusion;
Ne vous étonnez point, vous l'en verrez dédire.
GRIMOALD.
Vous l'ordonnez, Madame, & je dois y souscrire,
I'en feray ma victime, & ne suis point jaloux
De vous voir sur ce fils porter les premiers coups.
Quelque hôneur qui par là s'attache à ma mémoire,
Ie veux bien avec vous en partager la gloire,
Et que tout l'avenir ait dequoy m'accuser
D'avoir appris de vous l'Art de tyranniser.
 Vous dévriez pourtant régler mieux ce courage,
N'en pousser point l'effort jusqu'aux bords de la
 rage,
Ne luy permettre rien qui sentist la fureur,
Et le faire admirer sans en donner d'horreur.
Faire la furieuse, & la desesperée,
Paroistre avec éclat mére dénaturée,
Sortir hors de vous-mesme, & môtrer à grand bruit
A quelle extrémité mon amour vous réduit,
C'est mettre avec trop d'art la douleur en parade,
Qui fait le plus de bruit n'est pas le plus malade,

Les plus grands déplaisirs sont les moins éclatans,
Et l'on sçait qu'un grand cœur se posséde en tout temps.
Vous le sçavez, Madame, & que les grandes ames
Ne s'abaissent jamais aux foiblesses des femmes,
Ne s'aveuglent jamais ainsi hors de saison,
Que leur desespoir mesme agit avec raison,
Et que....

RODELINDE.

C'en est assez, sois-moy juge équitable,
Et dy-moy si le mien agit en raisonnable,
Si je parle en aveugle, ou si j'ay de bons yeux.
Tu veux rendre à mon fils le bien de ses Ayeux,
Et toute ta vertu jusque-là t'abandonne
Que tu mets en mon choix sa mort, ou ta Courône.
Quand j'auray satisfait tes vœux desesperez,
Doy-je croire ses jours beaucoup plus asseurez?
Cet offre, ou si tu veux, ce don du Diadesme
N'est, à le bien nommer, qu'un foible stratagesme.
Faire un Roy d'un enfant pour estre son Tuteur,
C'est quitter pour ce nom celuy d'usurpateur,
C'est choisir pour régner un favorable tître,
C'est du Sçeptre & de luy te faire seul arbitre,
Et mettre sur le Trosne un fantosme pour Roy
Iusques au premier fils qui te naistra de moy,
Iusqu'à ce qu'on nous craigne, & que le temps arrive
De remettre en ses mains la puissance effective.
Qui veut bien l'immoler à son affection
L'immoleroit sans peine à son ambition.
On se lasse bien-tost de l'amour d'une femme,
Mais la soif de régner régne toûjours sur l'ame,

Et

TRAGEDIE.

Et comme la Grandeur a d'éternels appas,
L'Italie est sujette à de soudains trépas,
Il est des moyens sourds pour lever un obstacle,
Et faire un nouveau Roy sans bruit, & sans miracle:
Quitte pour te forcer à deux ou trois soûpirs,
Et peindre alors ton front d'un peu de déplaisirs.
La porte à ma vangeance en seroit moins ouverte,
Ie perdrois avec luy tout le fruit de sa perte,
Puisqu'il faut qu'il périsse, il vaut mieux tost que tard,
Que sa mort soit un crime, & non pas un hazard,
Que cette Ombre innocente à toute heure m'anime,
Me demande à toute heure une grande victime,
Que ce jeune Monarque immolé de ta main
Te rende abominable à tout le Genre humain,
Qu'il t'excite par tout des haines immortelles,
Que de tous tes Sujets il fasse des rebelles.
Ie t'épouseray lors, & m'y viens d'obliger,
Pour mieux servir ma haine, & pour mieux me vanger,
Pour moins perdre de vœux contre ta barbarie,
Pour estre à tous momens maîtresse de ta vie,
Pour avoir l'accès libre à pousser ma fureur,
Et mieux choisir la place à te percer le cœur.
   Voilà mon desespoir, voilà ses justes causes,
A ces conditions pren ma main, si tu l'oses.
GRIMOALD.
Ouy, je la prens, Madame, & veux auparavant....

SCENE IV.

PERTHARITE, GRIMOALD, RODELINDE, GARIBALDE, VNVLPHE.

VNVLPHE.

Que faites-vous, Seigneur? Pertharite est vivant,
Ce n'est plus un bruit sourd, le voilà qu'on améne,
Des chasseurs l'ont surpris dans la forest prochaine,
Où caché dans un Fort il attendoit la nuit.

GRIMOALD.

Ie voy trop clairement quelle main le produit.

RODELINDE.

Est-ce donc vous, Seigneur, & les bruits infi-
delles
N'ont-ils semé de vous que de fausses Nouvelles?

PERTHARITE.

Ouy, cet époux si cher à vos chastes desirs,
Qui vous a tant coûté de pleurs, & de soûpirs...

GRIMOALD.

Va, fantosme insolent, retrouver qui t'envoye,
Et ne te mesle point d'attenter à ma joye.
Il est encor icy des supplices pour toy,
Si tu viens y montrer la vaine Ombre d'un Roy,
Pertharite n'est plus.

PERTHARITE.

Pertharite respire,
Il te parle, il te voit régner dans son Empire.

Que ton ambition ne s'éfarouche pas,
Iusqu'à me fuppofer toy-mefme un faux trépas.
Il eſt honteux de feindre où l'on peut toutes chofes,
Ie fuis mort fi tu veux, je fuis mort, fi tu l'ofes,
Si toute ta vertu peut demeurer d'accord
Que le droit de régner me rend digne de mort.
 Ie ne viens point icy par de noirs artifices
De mon cruel Deſtin forcer les injuſtices,
Pouſſer des aſſaſſins contre tant de valeur,
Et t'immoler en lafche à mon trop de malheur.
Puiſque le Sort trahit ce droit de ma naiſſance,
Iuſqu'à te faire un don de ma toute-puiſſance,
Régne fur mes Etats que le Ciel t'a foûmis,
Peut-eſtre un autre temps me rendra des amis.
Vſe mieux cependant de la faveur céleſte,
Ne me defrobe pas le feul bien qui me reſte,
Vn bien où je te fuis un obſtacle éternel,
Et dont le feul defir eſt pour toy criminel.
Rodelinde n'eſt pas du droit de ta conqueſte,
Il faut pour eſtre à toy qu'il m'en couſte la teſte,
Puiſqu'on m'a découvert, elle dépend de toy,
Pren-la comme Tyran, ou l'attaque en vray Roy.
I'en garde hors du Trofne encor les caractéres,
Et ton bras t'a faifi de celuy de mes péres,
Ie veux bien qu'il fupplée au defaut de ton fang,
Pour mettre entre nous deux égalité de rang.
Si Rodelinde enfin tient ton ame charmée,
Pour voir qui la mérite il ne faut point d'Armée,
Ie fuis Roy, je fuis feul, j'en fuis maiſtre, & tu peux
Par un illuſtre effort faire place à tes vœux.

I i ij

GRIMOALD.

L'artifice grossier n'a rien qui m'épouvante,
Eduige à fourber n'est pas assez sçavante,
Quelque adresse qu'elle aye, elle t'a mal instruit,
Et d'un si haut dessein elle a fait trop de bruit.
Elle en fait avorter l'effet par la menace,
Et ne te produit plus que de mauvaise grace.

PERTHARITE.

Quoy ! je passe à tes yeux pour un homme attîtré ?

GRIMOALD.

Tu l'avoûras toy-mesme, ou de force, ou de gré.
Il faut plus de secret alors qu'on veut surprendre,
Et l'on ne surprend point quand on se fait atten-
dre.

PERTHARITE.

Parlez, parlez, Madame, & faites voir à tous
Que vous avez des yeux pour connoistre un époux.

GRIMOALD.

Tu veux qu'en ta faveur j'écoute ta complice ?
Et bien, parlez, Madame, achevez l'artifice,
Est-ce là vostre époux ?

RODELINDE.

     Toy qui veux en douter,
Par quelle illusion m'oses-tu consulter ?
Si tu déments tes yeux, croiras-tu mon suffrage,
Et ne peux-tu sans moy connoistre son visage ?
Tu l'as veu tant de fois au milieu des combats
Montrer à tes périls ce que pesoit son bras,
Et l'épée à la main disputer en personne
Contre tout ton bonheur sa vie & sa Couronne.
 Si tu cherches une aide à traiter d'imposteur
Vn Roy qui t'a fermé la porte de mon cœur,

TRAGEDIE.

Confulte Garibalde, il tremble à voir fon maiftre,
Qui l'ofa bien trahir, l'ofera méconnoiftre,
Et tu peux recevoir de fon mortel effroy
L'affeurance qu'enfin tu n'attens pas de moy.
Vn fervice fi haut veut une ame plus baffe,
Et tu fçais....

GRIMOALD.

Ouy, je fçay jusqu'où va voftre audace.
Sous l'efpoir de joüir de ma perpléxité
Vous cherchez à me voir l'efprit inquiété,
Et ces difcours en l'air que l'orgueil vous infpire
Veulent perfuader ce que vous n'ofez dire,
Broüiller la populace, & luy faire après vous
En un fourbe impudent refpecter voftre époux.
Pouffez donc jufqu'au bout, devenez plus hardie,
Dites-nous hautement.

RODELINDE.

Que veux-tu que je die?
Il ne peut eftre icy que ce que tu voudras,
Tes flateurs en croiront ce que tu refoudras,
Ie n'ay pas pour t'inftruire affez de complaifance,
Et puifque fon malheur l'a mis en ta puiffance,
Ie fçay ce que je doy fi tu ne me le rens.
Achéve de te mettre au rang des vrais Tyrans.

SCENE V.

GRIMOALD, PERTHARITE, GARIBALDE, VNVLPHE.

GRIMOALD.

Que cet événement de nouveau m'embarasse !
GARIBALDE.
Pour un fourbe chez vous la pitié trouve place !
GRIMOALD.
Non, l'échaffaut bien-tost m'en fera la raison.
Que ton apartement luy serve de prison,
Ie te le donne en garde, Vnulphe.
PERTHARITE.
       Prince, écoute,
Mille & mille témoins te mettront hors de doute,
Tout Milan, tout Pavie...
GRIMOALD.
      Allez, sans contester,
Vous aurez tout loisir de vous faire écouter.
à Garibalde.
Toy, va voir Eduige, & tasche à tirer d'elle
Dans ces obscuritez quelque clarté fidelle,
Et tire de l'espoir qu'elle aura d'estre à moy
Le nom de l'imposteur qu'elle déguise en Roy.

TRAGEDIE.

SCENE VI.
GARIBALDE.

Qvel revers imprévue, quel éclat de tonnerre
Iette en moins d'un moment tout mon espoir par terre ?
Ce funeste retour, malgré tout mon projet,
Va rendre Grimoald à son premier objet,
Et s'il traite ce Prince en Héros magnanime,
N'ayant plus de Tyran, je n'ay plus de victime,
Ie n'ay rien à vanger, & ne puis le trahir
S'il m'oste les moyens de le faire haïr.
   N'importe toutefois, ne perdons pas courage,
Forçons nostre fortune à changer de visage,
Obstinons Grimoald par maxime d'Etat
A le croire imposteur, ou craindre un attentat,
Accablons son esprit de terreurs chimeriques
Pour luy faire embrasser des conseils tyranniques,
De son trop de vertu sçachons le dégager,
Et perdons Pertharite afin de le vanger.
Peut-estre qu'Edüige à regret plus sévére
N'osera l'accepter teint du sang de son frére,
Et que l'effet suivra nostre prétention
Du costé de l'amour, & de l'ambition.
Taschons, quoy qu'il en soit, d'en achever l'ouvrage,
Et pour régner un jour mettons tout en usage.

Fin du troisiéme Acte.

ACTE IV.

SCENE PREMIERE.
GRIMOALD, GARIBALDE.

GARIBALDE.

E ne m'en dédis point, Seigneur, ce prompt retour
N'est qu'une illusion qu'on fait à vostre amour.
Ie ne l'ay veu que trop aux discours d'Edüige:
Comme sensiblement vostre change l'afflige,
Et qu'avec le feu Roy ce fourbe a du rapport,
Sa flame au desespoir fait ce dernier effort.
Rodelinde cóme elle aime à vous mettre en peine,
L'une sert son amour, & l'autre sert sa haine,
Ce que l'une produit, l'autre ose l'avoüer,
Et leur inimitié s'accorde à vous joüer.
L'imposteur cependant, quoy qu'on luy donne à feindre, (dre;
Le soûtient d'autant mieux qu'il ne voit rien à crain-
Car soit que ses discours puissent vous émouvoir
Iusqu'à rendre Edüige à son premier pouvoir,
Soit que malgré sa fourbe, & vaine, & languissante,
Rodelinde sur vous reste toute-puissante,

TRAGEDIE.

A l'une ou l'autre enfin voſtre ame à l'abandon
Ne luy pourra jamais refuſer ce pardon.
GRIMOALD.
Tu dis vray, Garibalde, & déja je le donne
A qui voudra des deux partager ma Couronne.
Non que j'eſpére encor amollir ce rocher,
Que ny reſpects, ny vœux n'ont jamais ſçeu toucher:
Si j'aimay Rodelinde, & ſi pour m'aimer qu'elle
Mon ame à qui m'aimoit s'eſt renduë infidelle;
Si d'éternels dédains, ſi d'éternels ennuis,
Les bravades, la haine, & le trouble où je ſuis,
Ont été juſqu'icy toute la récompenſe
De cet amour parjure où mon cœur ſe diſpenſe,
Il eſt temps deſormais que par un juſte effort
I'affranchiſſe mon cœur de cet indigne ſort.
Prenons l'occaſion que nous fait Edüige,
Aimons cette impoſture où ſon amour l'oblige,
Elle plaint un ingrat de tant de maux ſoufferts,
Et luy préte la main pour le tirer des fers.
Aimons encor un coup, aimons ſon artifice,
Aimons-en le ſecours, & rendons-luy juſtice,
Soit qu'elle en veüille au Troſne, ou n'en veüille qu'à moy,
Qu'elle aime Grimoald, ou qu'elle aime le Roy,
Qu'elle ait beaucoup d'amour, ou beaucoup de courage,
Ie doy tout à la main qui rompt mon eſclavage.
　　Toy qui ne la ſervois qu'afin de m'obéïr,
Qui taſchois par mon ordre à m'en faire haïr,
Duc, ne t'y force plus, & rens-moy ma parole,
Que je rende à ſes feux tout ce que je leur vole,

Et que je puisse ainsi d'une mesme action
Récompenser sa flame, ou son ambition.
GARIBALDE.
Ie vous la rens, Seigneur, mais enfin prenez garde
A quels nouveaux perils cet effort vous hazarde,
Et si ce n'est point croire un peu trop promptement
L'impetüeux transport d'un premier mouvement.
L'imposteur impuny passera pour Monarque,
Tout le Peuple en prendra vostre bonté pour marque,
Et comme il est ardent après la nouveauté,
Il s'imaginera son rang seul respecté.
Ie sçay bien qu'aussi-tost vostre haute vaillance
De ce Peuple mutin domptera l'insolence;
Mais tenez-vous fort seur ce que vous prétendez
Du costé d'Edüige à qui vous vous rendez?
I'ay pénétré, Seigneur, jusqu'au fond de son ame,
Où je n'ay veu pour vous aucun reste de flame,
Sa haine seule agit, & cherche à vous oster
Ce que tous vos desirs s'efforcent d'emporter.
Elle veut, il est vray, vous rappeler vers elle,
Mais pour faire à son tour l'ingrate & la cruelle,
Pour vous traiter de lasche, & vous rendre soudain
Parjure pour parjure, & dédain pour dédain.
Elle veut que vostre ame esclave de la sienne
Luy demande sa grace, & jamais ne l'obtienne,
Ce sont ses mots exprès, & pour vous punir mieux
Elle me veut aimer, & m'aimer à vos yeux.
Elle me l'a promis.

SCENE II.
GRIMOALD, GARIBALDE, EDVIGE.

EDVIGE.

JE te l'ay promis, traistre,
Ouy, je te l'ay promis, & l'aurois fait peut-estre,
Si ton ame attachée à mes commandemens
Eust pû dans ton amour suivre mes sentimens.
J'avois mis mes secrets en bonne confidence.
Voy par là, Grimoald, quelle est ton imprudence,
Et juge par les miens laschement declarez
Comme les tiens sur luy peuvent estre asseurez.
Qui trahit sa Maîtresse aisément fait connoistre
Que sans aucun scrupule il trahiroit son maistre,
Et que des deux costez laissant floter sa foy,
Son cœur n'aime en effet ny son maistre, ny moy.
Il a son but à part, Grimoald, prens-y garde,
Quelque dessein qu'il ait, c'est toy seul qu'il regarde.
Examine ce cœur, juges-en comme il faut,
Qui m'aime & me trahit, aspire encor plus haut.

GARIBALDE.

Vous le voyez, Seigneur, avec quelle injustice
On me fait criminel quand je vous rens service.
Mais dequoy n'est capable un malheureux amant
Que la peur de vous perdre agite incessamment,
Madame? vous voulez que le Roy vous adore,
Et pour l'en empescher je ferois plus encore,

PERTHARITE,

Ie ne m'en défens point, & mon esprit jaloux
Cherche tous les moyens de l'éloigner de vous,
Ie ne vous sçaurois voir entre les bras d'un autre;
Mon amour, si c'est crime, a l'exemple du vostre.
Que ne faites-vous point pour obliger le Roy
A quitter Rodelinde, & vous rendre sa foy?
Est-il rien en ces lieux que n'ait mis en usage
L'excès de vostre ardeur, ou de vostre courage?
Pour estre tout à vous, j'ay fait tous mes efforts,
Mais je n'ay point encor fait revivre les morts,
I'ay dit des véritez dont vostre cœur murmure,
Mais je n'ay point été jusques à l'imposture,
Et je n'ay point poussé des sentimens si beaux
Iusqu'à faire sortir les Ombres des tombeaux.
Ce n'est point mon amour qui produit Pertharite,
Ma flame ignore encor cet Art qui ressuscite,
Et je ne vois en elle enfin rien à blasmer,
Sinon que je trahis, si c'est trahir qu'aimer.

EDVIGE.

De quel front, & dequoy cet insolent m'accuse!

GRIMOALD.

D'un mauvais artifice & d'une foible ruse.
Vostre dessein, Madame, étoit mal concerté,
On ne m'a point surpris quand on s'est presenté,
Vous m'aviez préparé vous-mesme à m'en défendre,
Et me l'ayant promis, j'avois lieu de l'attendre.
Consolez-vous pourtant, il a fait son effet,
Ie suis à vous, Madame, & j'y suis tout à fait.
  Si je vous ay trahie, & si mon cœur volage
Vous a volé long-temps un légitime hommage,
Si pour un autre objet le vostre en fut banny,
Les maux que j'ay soufferts m'en ont assez puny.

Ie recouvre la veuë, & reconnoy mon crime,
A mes feux rallumez ce cœur s'offre en victime;
Ouy, Princesse, & pour estre à vous jusqu'au trépas
Il demande un pardon qu'il ne mérite pas.
Vostre propre bonté qui vous en sollicite
Obtient déja celuy de ce faux Pertharite;
Vn si grand attentat blesse la Majesté,
Mais s'il est criminel, je l'ay moy-mesme été.
Faites grace, & j'en fais, oubliez, & j'oublie.
Il reste seulement que luy-mesme il publie
Par un aveu sincére, & sans rien déguiser,
Que pour me rendre à vous il vouloit m'abuser,
Qu'il n'empruntoit ce nom que par vostre ordre
   mesme.
Madame, asseurez-vous par là mon Diadesme,
Et ne permettez pas que cette illusion
Aux mutins contre nous préte d'occasion.
Faites donc qu'il l'avoüe, & que ma grace offerte,
Tout imposteur qu'il est, le desrobe à sa perte,
Et delivrez par là de ces troubles soudains
Le Sceptre qu'avec moy je remets en vos mains.

            E D V I G E.

I'avois eu jusqu'icy ce respect pour ta gloire
Qu'en te nommant Tyran j'avois peine à me croire,
Ie me tenois suspecte, & sentois que mon feu
Faisoit de ce reproche un secret desaveu.
Mais tu léves le masque, & m'ostes de scrupule,
Ie ne puis plus garder ce respect ridicule,
Et je voy clairement, le masque étant levé,
Que jamais on n'a veu Tyran plus achevé.
   Tu fais adroitement le doux, & le sévére,
Afin que la sœur t'aide à massacrer le frére;

PERTHARITE,

Tu fais plus, & tu veux qu'en trahissant son sort
Luy-mesme il se condamne, & se livre à la mort;
Comme s'il pouvoit estre amoureux de la vie,
Iusqu'à la racheter par une ignominie,
Ou qu'un frivole espoir de te revoir à moy
Me pûst rendre perfide, & lasche comme toy.
   Aime-moy si tu veux, déloyal, mais n'espére
Aucun secours de moy pour t'immoler mon frére.
Si je te menaçois tantost de son retour,
Si j'en donnois l'alarme à ton nouvel amour;
C'étoient discours en l'air inventez par ma flame
Pour broüiller ton esprit, & celuy de sa femme.
J'avois peine à te perdre, & parlois au hazard,
Pour te perdre du moins quelques momens plus
   tard;
Et quand par ce retour il a sçeu nous surprendre,
Le Ciel m'a plus rendu que je n'osois attendre.

GRIMOALD.

Madame....

EDVIGE.

   Tu perds temps, je n'écoute plus rien,
Et j'attens ton Arrest pour resoudre le mien.
Agy, si tu le veux, en vainqueur magnanime,
Agy comme Tyran, & prens cette victime,
Ie suivray ton éxemple, & sur tes actions
Ie régleray ma haine, ou mes affections.
Il suffit à present que je te desabuse
Pour payer ton amour, ou pour punir ta ruse.
Adieu.

TRAGEDIE.

SCENE III.
GRIMOALD, GARIBALDE, VNVLPHE.

GRIMOALD.

Qve veut Vnulphe?
VNVLPHE.
Il eſt de mon devoir
De vous dire, Seigneur, que chacun le vient voir.
J'ay permis à fort peu de luy rendre viſite,
Mais tous l'ont reconnu pour le vray Pertharite,
Le Peuple meſme parle, & déja ſourdement
On entend des discours ſemez confuſément....
GARIBALDE.
Voyez en quels périls vous jette l'impoſture,
Le Peuple déja parle, & ſourdement murmure,
Le feu va s'allumer ſi vous ne l'éteignez.
Pour perdre un impoſteur qu'eſt-ce que vous crai-
La haine d'Edüige, elle qui ne prépare   (gnez?
A vos ſubmiſſions qu'une fierté barbare?
Elle que vos mépris ayant miſe en fureur
Rendent opiniaſtre à vous mettre en erreur?
Elle qui n'a plus ſoif que de voſtre ruïne?
Elle dont la main ſeule en conduit la machine?
De ſemblables malheurs ſe doivent dédaigner,
Et la vertu timide eſt mal propre à régner.

Epouſez Rodelinde, & malgré ſon fantoſme
Aſſeurez-vous l'Etat, & calmez le Royaume,

Et livrant l'imposteur à ses mauvais destins,
Ostez dès aujourd'huy tout prétexte aux mutins.
GRIMOALD.
Ouy, je te croiray, Duc, & dès demain sa teste
Abatuë à mes pieds calmera la tempeste.
Qu'on le fasse venir, & qu'on mande avec luy
Celle qui de sa fourbe est le second appuy,
La Reine qui me brave, & qui par grandeur d'ame
Semble avoir quelque gesne à se nommer sa féme.
GARIBALDE.
Ses pleurs vous toucheront.
GRIMOALD.
Ie suis armé contr'eux.
GARIBALDE.
L'amour vous séduira.
GRIMOALD.
Ie n'en crains point les feux,
Ils ont peu de pouvoir quand l'ame est résoluë.
GARIBALDE.
Agissez donc, Seigneur, de puissance absoluë,
Soûtenez vostre Sceptre avec l'authorité
Qu'imprime au front des Rois leur propre Majesté.
Vn Roy doit pouvoir tout, & ne sçait pas bien l'estre
Quand au fond de son cœur il souffre un autre maistre.

SCENE

TRAGEDIE.

SCENE IV.
GRIMOALD, PERTHARITE, RODELINDE, GARIBALDE, VNVLPHE.

GRIMOALD.

Vien fourbe, vien méchant, éprouver ma bonté,
Et ne la réduy pas à la sévérité.
Ie veux te faire grace, avouë, & me confesse
D'un si hardy dessein qui t'a fourny l'adresse,
Qui des deux l'a formé, qui t'a le mieux instruit,
Tu m'entens, & sur tout fay cesser ce faux bruit,
Détrompe mes Sujets, ta prison est ouverte :
Sinon, prépare-toy dès demain à ta perte,
N'y force pas ton Prince, & sans plus t'obstiner
Mérite le pardon qu'il cherche à te donner.

PERTHARITE.

Que tu perds laschement de ruse, & d'artifice,
Pour trouver à me perdre une ombre de justice,
Et sauver les dehors d'une adroite vertu
Dont aux yeux ébloüis tu parois revêtu !
Le Ciel te livre exprès une grande victime,
Pour voir si tu peux estre, & juste, & magnanime;
Mais il ne t'abandonne après tout que son sang,
Tu ne luy peux oster ny son nom, ny son rang.
Ie mourray comme Roy né pour le Diadesme,
Et bien-tost mes Sujets détrompez par toy-mesme
Connoistront par ma mort qu'ils n'adorent en toy
Que de fausses couleurs qui te peignent en Roy.

III. Partie.   K k

Haste donc cette mort, elle t'est necessaire,
Car puisqu'enfin tu veux la verité sincére,
Tout ce qu'entre tes mains je forme de souhaits,
C'est d'affranchir bien-tost ces malheureux Sujets.
Crains-moy si je t'échape, & sois seur de ta perte,
Si par ton mauvais sort la prison m'est ouverte.
Mon Peuple aura des yeux pour cónoistre son Roy,
Et mettra difference entre un Tyran, & moy :
Il n'a point de fureur que soudain je n'excite.
 Voilà dedans tes fers l'espoir de Pertharite,
Voilà des veritez qu'il ne peut déguiser,
Et l'aveu qu'il te faut pour te desabuser.
RODELINDE.
Veux-tu pour t'éclaircir de plus illustres marques ?
Veux-tu mieux voir le sang de nos premiers Mo-
 narques?
Ce grand cœur...
GRIMOALD.
 Ouy, Madame, il est fort bien instruit
A montrer de l'orgueil, & fourber à grand bruit.
Mais si par son aveu la fourbe reconnuë
Ne détrompe aujourd'huy la populace émeuë,
Qu'il prépare sa teste, & vous mesme en ce lieu,
Ne pensez qu'à luy dire un éternel Adieu.
 Laissons-les seuls, Vnulphe, & demeure à la porte,
Qu'avant que je l'ordonne, aucun n'entre, ny sorte.

SCENE V.

PERTHARITE, RODELINDE.

PERTHARITE.

MAdame, vous voyez où l'amour m'a conduit.
J'ay fçeu que de ma mort il couroit un faux bruit,
Des defirs du Tyran j'ay fçeu la violence,
J'en ay craint fur ce bruit la derniere infolence,
Et n'ay pû faire moins que de tout expofer
Pour vous revoir encor, & vous defabufer.
J'ay laiffé hazarder à cette digne envie
Les reftes languiffants d'une importune vie,
A qui l'ennuy mortel d'eftre éloigné de vous
Sembloit à tous momens porter les derniers coups.
Car je vous l'avoûray, dans l'état déplorable
Où m'abyfme du Sort la haine impitoyable,
Où tous mes alliez me refufent leur bras,
Mon plus cuifant chagrin eft de ne vous voir pas.
Ie benis mô deftin quelques maux qu'il m'envoye,
Puifqu'il peut confentir à ce moment de joye,
Et bien qu'il ofe encor de nouveau me trahir,
En un moment fi doux je ne le puis haïr.

RODELINDE.

C'étoit donc peu, Seigneur, pour mon ame affligée,
De toute la mifére où je me voy plongée,
C'étoit peu des rigueurs de ma captivité,
Sans celle où voftre amour vous a précipité,

Et pour dernier outrage où son excès m'expose,
Il faut vous voir mourir, & m'en sçavoir la cause.
 Ie ne vous diray point que ce moment m'est doux,
Il met à trop haut prix ce qu'il me rend de vous,
Et vostre souvenir m'auroit bien sçeu défendre
De tout ce qu'un Tyran auroit osé prétendre.
N'attendez point de moy de soûpirs, ny de pleurs,
Ce sont amusemens de legéres douleurs,
L'amour que j'ay pour vous hait ces molles bassesses
Où d'un sexe craintif descendent les foiblesses,
Et contre vos malheurs j'ay trop sçeu m'affermir,
Pour ne dédaigner pas l'usage de gémir.
D'un déplaisir si grand la noble violence
Se resout toute entiere en ardeur de vangeance,
Et méprisant l'éclat, porte tout son effort
A sauver vostre vie, ou vanger vostre mort,
Ie feray l'un ou l'autre, ou périray moy-mesme.
         PERTHARITE.   (aime.
Aimez plûtost, Madame, un vainqueur qui vous
Vous avez assez fait pour moy, pour vostre honneur,
Il est temps de tourner du costé du bon-heur,
De ne plus embrasser des destins trop sévéres,
Et de laisser finir mes jours, & vos miséres.
Le Ciel qui vous destine à régner en ces lieux
M'accorde au moins le bien de mourir à vos yeux,
I'aime à luy voir briser une importune chaisne,
De qui les nœuds rôpus vous font heureuse Reine,
Et sous vostre destin je veux bien succomber,
Pour remettre en vos mains ce que j'en fis tomber.
         RODELINDE.
Est-ce-là donc, Seigneur, la digne récompense
De ce que pour vôtre Ombre on m'a veu de côstáce?

TRAGEDIE.

Quand je vous ay crû mort, & qu'un si grand vainqueur
Sa conqueste à mes pieds m'a demandé mon cœur,
Quand toute autre en ma place eust peut-estre fait gloire
De cet hommage entier de toute sa victoire...

PERTHARITE.

Ie sçay que vous avez dignement combatu;
Le Ciel va couronner aussi vostre vertu,
Il va vous affranchir de cette inquiétude
Que pouvoit de ma mort former l'incertitude,
Et vous mettre sans trouble en pleine liberté
De monter au plus haut de la felicité.

RODELINDE.

Que dis-tu, cher époux?

PERTHARITE.

Que je voy sans murmure
Naistre vostre bonheur de ma triste avanture.
L'amour me ramenoit sans pouvoir rien pour vous
Que vous enveloper dans l'éxil d'un époux,
Vous desrober sans bruit à cette ardeur infame
Où s'opposent ma vie & le nom de ma femme.
Pour briller avec gloire il luy faut mon trépas,
Et s'il vous fait régner, je ne le perdray pas.
Aprés tant de malheurs que mon amour vous cause,
Il est téps que ma mort vous serve à quelque chose,
Et qu'un victorieux à vos pieds abatu
Cesse de renoncer à toute sa vertu.
D'un Conquerant si grand, & d'un Héros si rare,
Vous faites trop long-temps un Tyran, un barbare,
Il l'est, mais seulement pour vaincre vos refus,
Soyez à luy, Madame, il ne le sera plus,

Kk iij

PERTHARITE,

Et je tiendray ma vie heureusement perduë
Puisque...
RODELINDE.
Nachéve point un discours qui me tuë,
Et ne me force point à mourir de douleur,
Avant qu'avoir pû rompre, ou vanger ton malheur.
Moy, qui l'ay dédaigné dans son char de victoire,
Couronné de vertus encor plus que de gloire,
Magnanime, vaillant, juste, bon, généreux,
Pour m'attacher à l'Ombre, au nom d'un malheureux;
Ie pourrois à ta veuë, aux dépens de ta vie,
Epouser d'un Tyran l'horreur, & l'infamie,
Et trahir mon honneur, ma naissance, mon rang,
Pour baiser une main fumante de ton sang?
Ah, tu me connois mieux, cher époux.
PERTHARITE.
Non, Madame,
Il ne faut point souffrir ce scrupule en vostre ame.
Quand ces devoirs communs ont d'importunes
La Majesté du Trosne en dispense les Rois, (loix,
Leur gloire est au dessus des régles ordinaires,
Et cet honneur n'est beau que pour les cœurs vulgaires.
Si-tost qu'un Roy vaincu tombe aux mains du vain-
Il a trop mérité la derniere rigueur. (queur,
Ma mort pour Grimoald ne peut avoir de crime,
Le soin de s'affermir luy rend tout légitime.
Quand j'auray dans ses fers cessé de respirer,
Donnez-luy vostre main sans rien considérer,
Epargnez les efforts d'une impuissante haine,
Et permettez au Ciel de vous faire encor Reine.

TRAGEDIE.

RODELINDE.
Epargnez-moy, Seigneur, ce cruel sentiment,
Vous, qui sçavez...

SCENE VI.
PERTHARITE, RODELINDE, VNVLPHE.

VNVLPHE.
Madame, achevez promptement,
Le Roy de plus en plus se rendant intraitable,
Mande vers luy ce Prince, ou faux, ou veritable.
PERTHARITE.
Adieu, puisqu'il le faut, & croyez qu'un époux
A tous les sentimens qu'il doit avoir de vous.
Il voit tout vostre amour, & tout vostre mérite,
Et mourant sans regret, à regret il vous quitte.
RODELINDE.
Adieu, puisqu'on m'y force, & recevez ma foy
Que l'on me verra digne, & de vous, & de moy.
PERTHARITE.
Ne vous exposez point au mesme précipice.
RODELINDE.
Le Ciel hait les Tyrans, & nous fera justice.
PERTHARITE.
Helas, s'il étoit juste, il vous auroit donné
Vn plus puissant Monarque, ou moins infortuné.

Fin du quatriéme Acte.

PERTHARITE,

ACTE V.

SCENE PREMIERE.
VNVLPHE, EDVIGE.

EDVIGE.

Voy, Grimoald s'obstine à perdre ainsi mon frére,
D'imposture & de fourbe il traite sa misére,
Et feignant de me rendre & son cœur & sa foy,
Il n'a point d'yeux pour luy, ny d'oreilles pour moy?
VNVLPHE.
Madame, n'accusez que le Duc qui l'obsede,
Le mal, s'il en est crû, deviendra sans remède,
Et si le Roy suivoit ses conseils violens,
Vous n'en verriez déja que des effets sanglans.
EDVIGE.
Iadis pour Grimoald il quitta Pertharite,
Et s'il le laisse vivre, il craint ce qu'il mérite.
VNVLPHE.
Ajoustez qu'il vous aime, & veut par tous moyens
Rattacher ce vainqueur à ses derniers liens,
Que Rodelinde à luy par amour, ou par force,
Asseure entre vous deux un éternel divorce;

TRAGEDIE.

Et s'il peut une fois jusque-là l'irriter,
Par force, ou par amour il croit vous emporter.
Mais vous n'avez, Madame, aucun sujet de crainte,
Ce Héros est à vous sans reserve, & sans feinte,
Et...

EDVIGE.
S'il quitte sans feinte un objet si chéry,
Sans doute au fond de l'ame il connoit son mary.
Mais s'il le connoissoit en dépit de ce traistre,
Qui pourroit l'empescher de le faire paroistre ?

VNVLPHE.
Sur le Trosne conquis il craint quelque attentat,
Et ne le méconnoit que par raison d'Etat.
C'est un aveuglement qu'il a creu necessaire:
Et comme Garibalde animoit sa colere,
De ses mauvais conseils sans cesse combatu
Il donnoit lieu de craindre enfin pour sa vertu.
Mais, Madame, il n'est plus en état de le croire,
Ie n'ay pû voir long-temps ce péril pour sa gloire;
Quelque fruit que le Duc espére en recueillir,
Ie viens d'oster au Roy les moyens de faillir.
Pertharite en un mot n'est plus en sa puissance.
Mais ne présumez pas que j'aye eu l'imprudence
De laisser à sa fuite un libre & plein pouvoir
De se montrer au Peuple, & d'oser l'émouvoir.
Pour fuïr en seureté je luy préte main forte,
Ou plûtost je luy donne une fidelle escorte,
Qui sous cette couleur de luy servir d'appuy
Le met hors du Royaume, & me répond de luy.
I'empesche ainsi le Duc d'achever son ouvrage,
Et j'en donne à mon Roy ma teste pour ostage.
Vostre bonté, Madame, en prendra quelque soin.

EDVIGE.

Ouy, je feray pour toy criminelle au befoin,
Ie prendray, s'il le faut, fur moy toute la faute.

VNVLPHE.

Ou je connois fort mal une vertu fi haute,
Ou s'il revient à foy, luy-mefme tout ravy
M'avoûra le premier que je l'ay bien fervy.

SCENE II.

GRIMOALD, EDVIGE, VNVLPHE.

GRIMOALD.

Que voulez-vous enfin, Madame, que j'efpére?
Qu'ordonnez-vous de moy?

EDVIGE.

Que fais-tu de mon frére?
Qu'ordonnes-tu de luy? prononce ton Arreft.

GRIMOALD.

Toûjours d'un impofteur prendrez-vous l'intéreft?

EDVIGE.

Veux-tu fuivre toûjours le confeil tyrannique
D'un traiftre qui te livre à la haine publique?

GRIMOALD.

Qu'en faveur de ce fourbe à tort vous m'accufez!
Ie vous offre fa grace, & vous la refufez!

EDVIGE.

Cette offre eft un fupplice aux Princes qu'on op-
   prime.
Il ne faut point de grace à qui fe voit fans crime,

Et tes yeux malgré toy ne te font que trop voir
Que c'est à luy d'en faire, & non d'en recevoir.
　Ne t'obstine donc plus à t'aveugler toy-mesme,
Sois tel que je t'aimois, si tu veux que je t'aime,
Sois tel que tu parus quand tu conquis Milan ;
J'aime encor son vainqueur, mais nó pas son Tyran.
Rens-toy cette vertu pleine, haute, sincére,
Qui t'affermit si bien au Trosne de mon frére;
Rens-luy du moins son nom, si tu me rens ton cœur.
Qui peut feindre pour luy, peut feindre pour la sœur,
Et tu ne vois en moy qu'une amante incrédule,
Quand je vois qu'avec luy ton ame dissimule.
Quitte, quitte en vray Roy les vertus des Tyrans,
Et ne me cache plus un cœur que tu me rens.

GRIMOALD.

Lisez-y donc vous-mesme, il est à vous, Madame,
Vous en voyez le trouble aussi-bien que la flame.
Sans plus me demander ce que vous connoissez,
De grace croyez-en tout ce que vous pensez.
C'est redoubler ensemble, & mes maux, & ma hôte,
Que de forcer ma bouche à vous en rendre conte.
Quand je n'aurois point d'yeux, chacun en a pour moy
Garibalde luy seul a méconnu son Roy,
Et par un intérest qu'aisément je devine
Ce lasche tant qu'il peut par ma main l'assassine.
Mais que plûtost le Ciel me foudroye à vos yeux,
Que je songe à répandre un sang si précieux.
　Madame, cependant mettez-vous en ma place:
Si je le reconnoy, que faut-il que j'en fasse?

Le tenir dans les fers avec le nom de Roy,
C'eſt ſoûlever pour luy ſes Peuples contre moy.
Le mettre en liberté, c'eſt le mettre à leur teſte,
Et moy-meſme haſter l'orage qui s'appreſte.
Puis-je m'aſſeurer d'eux, & ſouffrir ſon retour?
Puis-je occuper ſon Troſne, & le voir dás ma Cour?
Vn Roy, quoy que vaincu, garde ſon caractére,
Aux fidelles Sujets ſa veuë eſt toûjours chére;
Au moment qu'il paroit, les plus grands Conque-
 rans
Pour vertüeux qu'ils ſoient, ne ſont que des Tyrás,
Et dans le fond des cœurs ſa preſence fait naiſtre
Vn mouvement ſecret qui les rend à leur maiſtre.
 Ainſi mon mauvais ſort a dequoy me punir
Et de le delivrer, & de le retenir.
Ie voy dans mes priſons ſa perſonne enfermée
Plus à craindre pour moy qu'en teſte d'une Armée.
Là mon bras animé de toute ma valeur
Chercheroit avec gloire à luy percer le cœur:
Mais icy, ſans défence, hélas, qu'en puis-je faire?
Si je penſe régner, ſa mort m'eſt neceſſaire,
Mais ſoudain ma vertu s'arme ſi bien pour luy,
Qu'en mille bataillons il auroit moins d'appuy.
Pour conſerver ſa vie, & m'aſſeurer l'Empire,
Ie fais ce que je puis à le faire dédire,
Des plus cruels Tyrans j'emprunte le couroux,
Pour tirer cet aveu de la Reine, ou de vous:
Mais par tout je perds temps, par tout meſme con-
 ſtance
Rend à tous mes efforts pareille réſiſtance.
Encor s'il ne falloit qu'éteindre, ou dédaigner
En des troubles ſi grands la douceur de régner,

TRAGEDIE. 525

Et que pour vous aimer & ne vous point déplaire
Ce grand titre de Roy ne fust pas nécessaire,
Ie me vaincrois moy-mesme, & luy rendant l'Etat,
Ie mettrois ma vertu dans son plus haut éclat.
Mais je vous perds, Madame, en quittant la Couronne,
Puisqu'il vous faut un Roy, c'est vous que j'abandonne,
Et dans ce cœur à vous par vos yeux combatu
Tout mon amour s'oppose à toute ma vertu.
   Vous, pour qui je m'aveugle avec tant de lumieres,
Si vous étes sensible encor à mes priéres,
Daignez servir de guide à mon aveuglement,
Et faites le destin d'un frére, & d'un amant.
Mon amour de tous deux vous fait la Souveraine,
Ordonnez-en vous-mesme, & prononcez en Reine,
Ie périray content, & tout me sera doux,
Pourveu que vous croyiez que je suis tout à vous.

EDVIGE.

Que tu me connois mal, si tu connois mon frére!
Tu crois dóc qu'à ce point la Couronne m'est chére,
Que j'ose mépriser un Comte généreux,
Pour m'attacher au sort d'un Tyran trop heureux?
Aime-moy si tu veux, mais croy-moy magnanime,
Avec tout cet amour garde-moy ton estime,
Croy-moy quelque tendresse encor pour mon vray sang,
Qu'une haute vertu me plaist mieux qu'un haut rág,
Et que vers Gundebert je croy ton serment quitte,
Quand tu n'aurois qu'un jour régné pour Pertharite,

Milan qui l'a veu fuir, & t'a nommé son Roy,
De la haine d'un mort a dégagé ma foy;
A present je suis libre, & comme vraye amante
Ie secours malgré toy ta vertu chancelante,
Et desrobe mon frére à ta soif de régner,
Avant que tout ton cœur s'en soit laissé gagner.
Ouy, j'ay brisé ses fers, j'ay corrompu ses Gardes,
I'ay mis en seureté tout ce que tu hazardes,
Il fuit, & tu n'as plus à traiter d'imposteur
De tes troubles secrets le redoutable autheur;
Il fuit, & tu n'as plus à craindre de tempeste,
Secourant ta vertu j'asseure ta conqueste,
Et les soins que j'ay pris... mais la Reine survient.

SCENE III.

GRIMOALD, RODELINDE, EDVIGE, VNVLPHE.

GRIMOALD à Rodelinde.

Qve tardez-vous, Madame, & quel soin vous retient?
Suivez de vostre époux, le nom, l'image, ou l'ombre,
De ceux qui m'ont trahy croissez l'indigne nombre,
Et delivrez mes yeux trop aisez à charmer
Du péril de vous voir, & de vous trop aimer.
Suivez, vostre captif ne vous tient plus captive.

RODELINDE.

Rens-le moy donc, Tyran, afin que je le suive.
A quelle indigne feinte oses-tu recourir
De m'ouvrir sa prison quand tu l'as fait mourir!

TRAGEDIE.

Lasche, présumes-tu qu'un faux bruit de sa fuite
Cache de tes fureurs la barbare conduite?
Crois-tu qu'on n'ait point d'yeux pour voir ce que tu fais,
Et jusque dans ton cœur découvrir tes forfaits?

EDVIGE.

Madame....

RODELINDE.

        Et bien, Madame, étes vous sa complice?
Vous chargez-vous pour luy de toute l'injustice,
Et sa main qu'il vous tend vous plaist-elle à ce prix?

EDVIGE.

Vous la vouliez tantost teinte du sang d'un fils,
Et je puis l'accepter teinte du sang d'un frére,
Si je veux estre sœur comme vous étiez mére.

RODELINDE.

Ne me reprochez point une juste fureur
Où des feux d'un Tyran me réduisoit l'horreur,
Et puisque de sa foy vous êtes ressaisie,
Faites cesser l'aigreur de vostre jalousie.

EDVIGE.

Ne me reprochez point des sentimens jaloux
Quand je hay les Tyrans autant, ou plus que vous.

RODELINDE.

Vous pouvez les haïr quand Grimoald vous aime!

EDVIGE.

I'aime en luy sa vertu plus que son Diadesme,
Et voyant quels motifs le font encor agir,
Ie ne voy rien en luy qui me fasse rougir.

RODELINDE à *Grimoald*.

Rougis-en donc toy seul, toy qui caches ton crime,
Qui t'immolant un Roy desrobes ta victime,

Et d'un grand ennemy déguisant tout le sort,
Le fais fourbe en sa vie, & fuir après sa mort.
De tes fausses vertus les brillantes pratiques
N'élevoient que pour toy ces tombeaux magnifiques;
C'étoient de vains éclats de générosité
Pour rehausser ta gloire avec impunité.
Tu n'accablois son nom de tant d'honneurs funebres,
Que pour ensévelir sa mort dans les ténébres,
Et luy tendre avec pompe un piége illustre & beau,
Pour le priver un jour des honneurs du tombeau.
Saoule-toy de son sang, mais rens-moy ce qui reste,
Attendant ma veangeance, ou le couroux céleste,
Que je puisse....
   GRIMOALD *à Edüige.*
  Ah, Madame, où me réduisez-vous
Pour un fourbe qu'elle aime à nommer son époux?
Vostre pitié ne sert qu'à me couvrir de honte,
Si quand vous me l'ostez il m'en faut rendre conte,
Et si la cruauté de mon triste destin
De ce que vous sauvez me nomme l'assassin.
   VNVLPHE.
Seigneur, je croy sçavoir la route qu'il a prise,
Et si sa Majesté veut que je l'y conduise,
Au péril de ma teste en moins d'une heure, ou deux,
Ie m'offre de la rendre à l'objet de ses vœux.
 Allons, allons, Madame, & souffrez que je tasche....
   RODELINDE *à Vnulphe.*
O d'un lasche Tyran ministre encor plus lasche,
Qui sous un faux semblant d'un peu d'humanité
Penses contre mes pleurs faire sa seureté!

Que

TRAGEDIE.

Que ne dis-tu plûtost que ses justes alarmes
Aux yeux des bós Sujets veulent cacher mes larmes,
Qu'il luy faut me bannir, de crainte que mes cris
Du Peuple & de la Cour n'émeuvent les esprits?
Traistre, si tu n'étois de son intelligence,
Pourroit-il refuser ta teste à sa vangeance?
  Que devient, Grimoald, que devient tó couroux?
Tes ordres en sa garde avoient mis mon époux,
Il a brisé ses fers, il sçait où va sa fuite,
Si je le veux rejoindre il s'offre à ma conduite,
Et quand son sang dévroit te répondre du sien,
Il te voit, il te parle, & n'appréhende rien.
  GRIMOALD *à Rodelinde.*
Quand ce qu'il fait pour vous hazarderoit ma vie,
Ie ne puis le punir de vous avoir servie.
Si j'avois cependant quelque peur que vos cris
De la Cour & du Peuple émeussent les esprits,
Sans vous prier de fuir pour finir mes alarmes,
I'aurois trop de moyens de leur cacher vos larmes.
Mais vous étes, Madame, en pleine liberté,
Vous pouvez faire agir toute vostre fierté,
Porter dans tous les cœurs ce qui régne en vostre
  ame;
Le vainqueur du mary ne peut craindre la femme,
Mais que veut ce soldat?

SCENE IV.

GRIMOALD, RODELINDE, EDVIGE, VNVLPHE.

SOLDAT.

Vous avertir, Seigneur,
D'un grád malheur ensemble & d'un rare bonheur.
Garibalde n'est plus, & l'imposteur infame
Qui tranche icy du Roy luy vient d'arracher l'ame:
Mais ce mesme imposteur est en vostre pouvoir.

GRIMOALD.

Que dis-tu, malheureux?

SOLDAT.

Ce que vous allez voir.

GRIMOALD.

O Ciel! en quel état ma fortune est réduite
S'il ne m'est pas permis de joüir de sa fuite!
Faut-il que de nouveau mon cœur embarassé
Ne puisse... Mais dy nous comment tout s'est passé.

SOLDAT.

Le Duc ayant appris quelles intelligences
Déroboient un tel fourbe à vos justes vangeances,
L'attendoit à main forte, & luy fermant le pas,
A luy seul, nous dit-il, *mais ne le blessons pas,*
Reservons tout son sang aux rigueurs des supplices,
Et laissons par pitié fuir ses lâches complices.
Ceux qui le conduisoient du grand nombre étonez
Et par mes compagnons soudain environnez,

TRAGEDIE.

Acceptent la plufpart ce qu'on leur facilite,
Et s'écartent fans bruit de ce faux Pertharite.
Luy que l'ordre receu nous forçoit d'épargner,
Iufqu'à baiffer l'épée, & le trop dédaigner,
S'ouvre en fon defespoir parmy nous un paffage,
Iufque fur noftre Chef pouffe toute fa rage,
Et luy plonge trois fois un poignard dans le fein,
Avant qu'aucun de nous ait pû voir fon deffein,
Nos bras étoient levez pour l'en punir fur l'heure,
Mais le Duc par nos mains ne côfét pas qu'il meure,
Et fon dernier foûpir eft un ordre nouveau
De garder tout fon fang à celle d'un bourreau.
Ainfi ce fugitif retombe dans fa chaifne,
Et vous pouvez, Seigneur, ordonner de fa peine,
Le voicy.　　GRIMOALD.
　　　Quel combat pour la feconde fois.

SCENE V.

PERTHARITE, GRIMOALD, RODELINDE, EDVIGE, VNVLPHE, SOLDATS.

PERTHARITE.

TV me revois, Tyran qui méconnois les Rois,
Et j'ay payé pour toy d'un fi rare fervice
Celuy qui rend ma tefte à ta fauffe juftice.
Pleure, pleure ce bras qui t'a fi bien fervy,
Pleure ce bon Sujet que le mien t'a ravy,
Hafte-toy de vanger ce Miniftre fidelle,
C'eft toy qu'à fa vangeance en mourant il appelle,

Signale ton amour, & parois aujourd'huy,
S'il fut digne de toy, plus digne encor de luy.
Mais cesse desormais de traiter d'imposture
Les traits que sur mon front imprime la Nature.
Milan m'a veu passer, & par tout en passant
I'ay veu couler ses pleurs pour son Prince impuis-
    sant,
Tu luy déguiserois en vain ta tyrannie,
Pousses-en jusqu'au bout l'insolente manie,
Et quoy que ta fureur te prescrive pour moy,
Ordonne de mes jours comme de ceux d'un Roy.

GRIMOALD.

Ouy, tu l'ès en effet, & j'ay sçeu te connoistre
Dès le premier moment que je t'ay veu paroistre.
    Si j'ay fermé les yeux, si j'ay voulu gauchir,
Des maximes d'Estat j'ay voulu t'affranchir,
Et ne voir pas ma gloire indignement trahie
Par la necessité de m'immoler ta vie.
De cet aveuglement les soins mystérieux
Empruntoient les dehors d'un Tyran furieux,
Et forçoient ma vertu d'en souffrir l'artifice,
Pour t'arracher ton nom par l'effroy du supplice:
Mais mon dessein n'étoit que de t'intimider,
Ou d'obliger quelqu'un à te faire évader.
Vnulphe a bien compris en serviteur fidelle
Ce que ma violence attendoit de son zéle,
Mais un traistre pressé par d'autres intérests
A rompu tout l'effet de mes desirs secrets.
Ta main, graces au Ciel, nous en a fait justice,
Cependant ton retour m'est un nouueau supplice.
Car enfin que veux-tu que je fasse de toy?
Puis-je porter ton Sçeptre, & te traiter de Roy,

TRAGEDIE.

Ton Peuple qui t'aimoit pourra-t'il te connoiſtre,
Et ſouffrir à tes yeux les loix d'un autre maiſtre ?
Toy-meſme pourras-tu ſans entreprendre rien
Me voir juſqu'au trépas poſſeſſeur de ton bien ?
Pourras-tu negliger l'occaſion offerte,
Et refuſer ta main, ou ton ordre à ma perte ?
   Si tu n'étois qu'un laſche, on auroit quelque eſpoir
Qu'enfin tu pourrois vivre, & ne rien émouvoir:
Mais qui me croit Tyran & hautement me brave,
Quelque foible qu'il ſoit, n'a point le cœur d'eſ-
      clave,
Et montre une grande ame au deſſus du malheur,
Qui manque de fortune & non pas de valeur.
Ie voy donc malgré moy ma victoire aſſervie
A te rendre le Sçeptre, ou prendre encor ta vie,
Et plus l'ambition trouble ce grand effort,
Plus ceux de ma vertu me refuſent ta mort.
Mais c'eſt trop retenir ma vertu priſonniere,
Ie luy dois comme à toy liberté toute entiére,
Et mon ambition a beau s'en indigner,
Cette vertu triomphe, & tu t'en vas régner.
   Milan, revoy ton Prince, & reprens ton vray
      maiſtre
Qu'en vain pour t'aveugler j'ay voulu mécónoiſtre,
Et vous que d'impoſteur à regret j'ay traité....

PERTHARITE.

Ah, c'eſt porter trop loin la généroſité,
Rendez-moy Rodelinde, & gardez ma Couronne
Que pour ſa liberté ſans regret j'abandonne.
Avec ce cher objet tout deſtin m'eſt trop doux.

GRIMOALD.

Rodelinde, & Milan, & mon cœur ſont à vous,

Et je vous remettrois toute la Lombardie
Si comme dans Milan je régnois dans Pavie.
Mais vous n'ignorez pas, Seigneur, que le feu Roy
En fit Reine Edüige, & luy donnant ma foy
Ie promis....

    EDVIGE *à Grimoald.*
  Si ta foy t'oblige à la défendre,
Ton éxemple m'oblige encor plus à la rendre,
Et je mériterois un nouveau changement,
Si mon cœur n'égaloit celuy de mon amant.

    PERTHARITE *à Edüige.*
Son éxemple, ma sœur, en vain vous y convie,
Avec ce grand Héros je vous laisse Pavie,
Et me croirois moy-mesme aujourd'huy malheu- (reux,
Si je voyois sans Sceptre un bras si généreux.

    RODELINDE *à Grimoald.*
Pardonnez si ma haine a trop creu l'apparence,
Ie présumois beaucoup de vostre violence,
Mais je n'aurois osé, Seigneur, en présumer,
Que vous m'eussiez forcée enfin à vous aimer.

    GRIMOALD *à Rodelinde.*
Vous m'avez outragé sans me faire injustice.

    RODELINDE.
Qu'une amitié si ferme aujourd'huy nous unisse,
Que l'un & l'autre Etat en admire les nœuds,
Et doute avec raison qui régne de vous deux.

    PERTHARITE.
Pour en faire admirer la chaisne fortunée,
Allons mettre en éclat cette grande journée,
Et montrer à ce Peuple heureusement surpris,
Que des hautes vertus la gloire est le seul prix.

    FIN